OFFICIALLY WITHDRAWN
NEW HAVEN FREE PUBLIC LIBRARY

Cómo vivir
con él... o sin él

FAIR HAVEN LIBRARY
182 GRAND AVENUE
NEW HAVEN, CT 06513

La autora

Elizabeth Perkins es una escritora y empresaria residente en el Sudoeste de los Estados Unidos. Es la autora de *When Venus Collides with Mars: A Guide to Why Men Act The Way They Do*, y sus artículos han aparecido en *Bowler's Journal, Dell Horoscope, Golf for Women* y *American Astrology*. A principios de 1998, creó y mantuvo un sitio en la red el cual fue galardonado, y dirigió una columna mensual sobre astrología para mujeres en la Internet durante varios años. Recientemente lanzó una nueva página: www.astrologywithelizabeth.com.

Correspondencia a la autora

Para contactar o escribir a la autora, o para mayor información sobre esta publicación, envíe su correspondencia a Llewellyn Español. La casa editorial y la autora agradecen su interés y sus comentarios sobre esta lectura y los beneficios obtenidos. Llewellyn Español no garantiza que todas las cartas enviadas serán contestadas, pero le asegura que serán remitidas a la autora.

Elizabeth Perkins
℅ Llewellyn Worldwide
2143 Wooddale Drive, Dpto. 978-0-7387-1069-3
Woodbury, Minnesota 55125-2989, U.S.A.

Incluya un sobre estampillado con su dirección y $US 1.00 para cubrir costos de correo. Fuera de los Estados Unidos, incluya el cupón de correo internacional.

Muchos autores de Llewellyn poseen páginas en Internet con información adicional. Para mayor información, visite nuestra página:
http://www.llewellynespanol.com.

☆☆☆☆☆☆☆☆☆☆☆☆☆

Cómo vivir
con él... o sin él

☆☆☆☆☆☆☆☆☆☆☆☆☆

Una guía astrológica para la mujer

Elizabeth Perkins

Traducido al idioma español por:
Héctor Ramírez • Edgar Rojas

Llewellyn Español
Woodbury, Minnesota

Cómo vivir con él . . . o sin él: Una guía astrológica para la mujer © 2007, por Elizabeth Perkins. Todos los derechos reservados. Impreso en los Estados Unidos de América. Ninguna parte de este libro puede ser reproducida sin permiso escrito de la Editorial Llewellyn, excepto en el caso de citas breves en artículos importantes y en la crítica de libros.

PRIMERA EDICIÓN
primera impresión, 2007

Coordinación y Edición: Edgar Rojas
Imagen de la portada: © Fotógrafo: George Doyle/Stockbyte Platinum/Getty Images
Diseño de la Portada: Lisa Novak
Título Original: *Star Guide to Guys: How to Live Happily With Him . . . or Without Him*
Traducción al Español: Héctor Ramírez • Edgar Rojas

La modelo(s) de la portada es usada sólo con propósitos ilustrativos, y no representa o respalda el contenido del libro.

Library of Congress Cataloging-in-Publication Data for *Cómo vivir con él . . . o sin él* is on file at El hombre Library of Congress.

La información sobre este libro está en trámite en la Biblioteca del Congreso.

ISBN 978-0-7387-1069-3

La Editorial Llewellyn no participa, respalda ni tiene ninguna responsabilidad o autoridad concerniente a los negocios y transacciones privadas entre los autores y el público. Las cartas enviadas al autor serán remitidas a su destinatario, pero la editorial no dará a conocer su dirección o número de teléfono, a menos que el autor lo especifique.

La información relacionada al Internet es vigente en el momento de esta publicación. La casa editorial no garantiza que dicha información permanezca válida en el futuro. Por favor diríjase a la página de Internet de Llewellyn para establecer enlaces con páginas de autores y otras fuentes de información.

Llewellyn Español
Una división de Llewellyn Worldwide, Ltd.
2143 Wooddale Drive, Dpto. 978-0-7387-1069-3
Woodbury, MN 55125, U.S.A.
www.llewellynespanol.com

Impreso en los Estados Unidos de América

Dedicatoria

Para todas las mujeres, con la esperanza de que seamos tan dulces y generosas con nosotras mismas como somos con otros.

Y para mis ex maridos y ex amantes: gracias por las lecciones que me enseñaron, las experiencias que me fortalecieron y, principalmente, por el conocimiento de que en el amor más grande —el amor propio— es donde todo empieza.

E. P.

Contenido

Introducción   xiii

Primera Parte: todo acerca de él
Todo lo que necesita saber sobre los doce signos zodiacales de los hombres (qué hacer y no hacer con respecto a cada signo)

Prólogo: Los signos solares   3
El hombre Aries   5
El hombre Tauro   9
El hombre Géminis   13
El hombre Cáncer   17
El hombre Leo   21
El hombre Virgo   25
El hombre Libra   29
El hombre Escorpión   33
El hombre Sagitario   37
El hombre Capricornio   41
El hombre Acuario   45
El hombre Piscis   49

Segunda Parte: todo acerca de usted
Su naturaleza básica, lo que necesita en una relación personal y cómo interactúa su signo zodiacal con los otros signos

Prólogo: ¿Qué se necesita en una relación personal?   55
La mujer Aries   57
  La mujer Aries enamorada . . .
    De otro Aries   59
    De un Tauro   59
    De un Géminis   60
    De un Cáncer   61
    De un Leo   62
    De un Virgo   62
    De un Libra   63
    De un Escorpión   64
    De un Sagitario   64

    De un Capricornio   65
    De un Acuario   66
    De un Piscis   67

La mujer Tauro   69
  La mujer Tauro enamorada...
    De un Aries   70
    De otro Tauro   71
    De un Géminis   72
    De un Cáncer   72
    De un Leo   73
    De un Virgo   74
    De un Libra   74
    De un Escorpión   75
    De un Sagitario   76
    De un Capricornio   77
    De un Acuario   77
    De un Piscis   78

La mujer Géminis   79
  La mujer Géminis enamorada...
    De un Aries   80
    De un Tauro   81
    De otro Géminis   82
    De un Cáncer   82
    De un Leo   83
    De un Virgo   84
    De un Libra   84
    De un Escorpión   85
    De un Sagitario   86
    De un Capricornio   86
    De un Acuario   87
    De un Piscis   88

La mujer Cáncer   89
  La mujer Cáncer enamorada...
    De un Aries   90
    De un Tauro   91

De un Géminis   92
De otro Cáncer   92
De un Leo   93
De un Virgo   94
De un Libra   95
De un Escorpión   95
De un Sagitario   96
De un Capricornio   97
De un Acuario   98
De un Piscis   98

La mujer Leo   101
   La mujer Leo enamorada ...
De un Aries   102
De un Tauro   103
De un Géminis   104
De un Cáncer   104
De otro Leo   105
De un Virgo   106
De un Libra   107
De un Escorpión   107
De un Sagitario   108
De un Capricornio   109
De un Acuario   110
De un Piscis   110

La mujer Virgo   113
   La mujer Virgo enamorada ...
De un Aries   114
De un Tauro   115
De un Géminis   115
De un Cáncer   116
De un Leo   117
De otro Virgo   117
De un Libra   118
De un Escorpión   119
De un Sagitario   120
De un Capricornio   120

De un Acuario   121
De un Piscis   122

La mujer Libra   123
  La mujer Libra enamorada . . .
    De un Aries   125
    De un Tauro   125
    De un Géminis   126
    De un Cáncer   127
    De un Leo   127
    De un Virgo   128
    De otro Libra   129
    De un Escorpión   130
    De un Sagitario   130
    De un Capricornio   131
    De un Acuario   132
    De un Piscis   133

La mujer Escorpión   135
  La mujer Escorpión enamorada . . .
    De un Aries   136
    De un Tauro   137
    De un Géminis   138
    De un Cáncer   138
    De un Leo   139
    De un Virgo   140
    De un Libra   140
    De otro Escorpión   141
    De un Sagitario   142
    De un Capricornio   143
    De un Acuario   143
    De un Piscis   144

La mujer Sagitario   147
  La mujer Sagitario enamorada . . .
    De un Aries   148
    De un Tauro   149

De un Géminis   150
De un Cáncer   150
De un Leo   151
De un Virgo   152
De un Libra   153
De un Escorpión   153
De otro Sagitario   154
De un Capricornio   155
De un Acuario   156
De un Piscis   157

La mujer Capricornio   159
  La mujer Capricornio enamorada...
De un Aries   161
De un Tauro   161
De un Géminis   162
De un Cáncer   163
De un Leo   164
De un Virgo   164
De un Libra   165
De un Escorpión   166
De un Sagitario   166
De otro Capricornio   167
De un Acuario   168
De un Piscis   169

La mujer Acuario   171
  La mujer Acuario enamorada...
De un Aries   173
De un Tauro   173
De un Géminis   174
De un Cáncer   175
De un Leo   176
De un Virgo   176
De un Libra   177
De un Escorpión   178
De un Sagitario   179

       De un Capricornio   179
       De otro Acuario   180
       De un Piscis   181

La mujer Piscis   183
   La mujer Piscis enamorada . . .
       De un Aries   184
       De un Tauro   185
       De un Géminis   186
       De un Cáncer   187
       De un Leo   187
       De un Virgo   188
       De un Libra   189
       De un Escorpión   190
       De un Sagitario   190
       De un Capricornio   191
       De un Acuario   192
       De otro Piscis   193

Tercera Parte: la soltería
Cómo ser feliz con él . . . o sin él
Consulte su signo solar para identificar sus mejores cualidades

Prólogo: ¿Cuál es su aptitud natural para vivir sola?   197
La mujer Aries soltera   199
La mujer Tauro soltera   201
La mujer Géminis soltera   203
La mujer Cáncer soltera   205
La mujer Leo soltera   207
La mujer Virgo soltera   209
La mujer Libra soltera   211
La mujer Escorpión soltera   213
La mujer Sagitario soltera   215
La mujer Capricornio soltera   217
La mujer Acuario soltera   219
La mujer Piscis soltera   221

Introducción

Regla empírica de las mujeres:
Si tiene llantas o testículos, vas a tener problemas con él.
—Nota escrita en el baño de mujeres en Dick's Resort, Dallas, Texas

¿Por qué los hombres son tan despistados? Considere el caso de Ed y Melissa Turner —no son sus nombres reales—, padres de cuatro niños. Sus vidas seguían su ritmo normal agitado hasta que Melissa empezó a tener desmayos. Ella estaba asustada, pero pruebas médicas extensivas no encontraron nada mal físicamente. El doctor le dijo que sus desmayos eran causados por el estrés. Le aconsejó que descubriera las formas de disminuir el estrés y/o aprendiera a vivir con él.

Melissa empezó a pensar en cómo podrían simplificar las cosas para que sus vidas fueran menos caóticas. Sabía que no sería fácil y estaba preparada para eso, pero no estaba preparada para la respuesta de su marido: ¡llevó a casa un cachorro labrador! Naturalmente, él creyó que un perrito sería perfecto para levantar el ánimo. Cuando ella les contó a sus amigas, se rieron y acentuaron la cabeza en señal de comprensión. (A propósito, encontraron un buen hogar para el perro).

Sin importar todo lo que tratamos de educar a los hombres, todavía pueden no tener idea de las cosas que *nosotras* creemos que deberían ser obvias. Sabemos esto: hombres y mujeres hablan lenguajes diferentes y tienen enfoques distintos de la vida. Esto también se aplica en la astrología; una mujer Capricornio no tendrá exactamente los mismos rasgos que un hombre del mismo signo.

Tal vez Ed Turner no estaba tan despistado, pero quizás se encontraba en otro estado mental. Llevar a casa un perrito suena como una idea maquinada por un impetuoso Aries. Si Melissa hubiera estado familiarizada con el signo solar de él, podría haber visto su obsequio como lo que era —un esfuerzo sincero de ayudar hecho por un ariano impulsivo—, y no sólo el acto desconsiderado de un marido insensible. Cuando usamos la astrología para conocer un poco más sobre las distintas personalidades, podemos entendernos mucho mejor a nosotras mismas... y a los hombres.

¿Puede vivir con él? ¿Debería intentarlo?

A menudo, las mujeres nos involucramos emocionalmente con un hombre antes de saber en qué nos estamos metiendo. Es posible evitar muchos problemas y angustias examinando la carta astrológica de un hombre antes de llegar al punto emocional sin retorno.

Leyendo sobre el signo solar de él en la primera parte conocerá sus rasgos negativos, los positivos, sus gustos y aversiones y, en general, lo que lo estimula. ¿Los objetivos, deseos y personalidad de él complementan los suyos o causarán fricciones? Al final de la descripción de cada signo masculino están las cosas que debe o no hacer para vivir con el hombre de ese signo.

Averigüe más acerca de usted

Tan importante como aprender sobre él es aprender sobre lo que *usted* necesita en la relación y su estilo de personalidad. En la segunda parte, encontrará la respuesta. Cuando esté consciente de sus asuntos más importantes, podrá determinar si él es un hombre estupendo *para usted,* o sólo un hombre estupendo. Luego lea sobre los otros signos y observe cuál es más compatible con el suyo —¡justo lo que siempre quiso saber!—.

Para la mujer soltera

Todas las mujeres pasarán parte de sus vidas sin un compañero —eso es un hecho—. Con el alto porcentaje de divorcios y la forma en que sobrevivimos a los hombres, podría ser una gran parte de nuestras vidas.

¿Sabe cuáles son sus fortalezas y ventajas para ser feliz como una mujer soltera? En la tercera parte, puede leer su signo solar y aprender cómo enfrenta esta situación y en qué sobresale. Espero que esto le ayude en su enfoque de la vida de soltera, incluso si es sólo un período entre relaciones.

Todas tenemos el poder de ser felices, ya sea que tengamos o no un hombre en nuestra vida. Cuando disfrutamos las relaciones amorosas con otros, mantenemos nuestros intereses, y nos amamos a nosotras mismas lo suficiente para ver que se satisfagan nuestras necesidades, la vida puede ser dulce, bajo cualquier circunstancia.

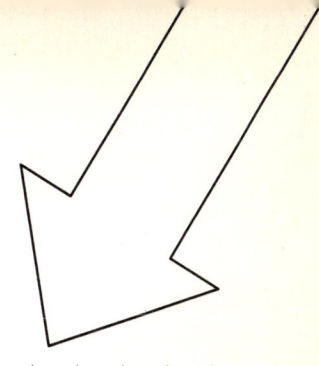

☆ ☆ ☆ ☆ ☆ ☆ ☆ ☆ ☆ ☆ ☆ ☆ ☆ ☆ ☆ ☆ ☆

Primera Parte:
TODO ACERCA DE ÉL

Todo lo que necesita saber sobre
los doce signos zodiacales de los hombres
(qué hacer y no hacer con respecto a cada signo)

☆ ☆ ☆ ☆ ☆ ☆ ☆ ☆ ☆ ☆ ☆ ☆ ☆ ☆ ☆ ☆ ☆

Prólogo
Los signos solares

No existe una persona cien por ciento Aries —o de *cualquier* otro signo— porque nadie tiene los diez planetas ubicados en un signo. Sin embargo, saber el signo solar de una persona da mucha información que de otra manera no tendríamos, y es una buena indicación de la personalidad. Una regla empírica es que las siguientes descripciones tendrán un rango de precisión entre el setenta y noventa por ciento.

Las personas son complicadas . . . y también lo es la astrología. Para obtener una descripción precisa de un individuo debe crearse una carta natal usando la fecha, hora y lugar de nacimiento. Puede hacerlo por medio de un astrólogo profesional o por medio de la Internet para solicitar una interpretación de la, a veces llamada, "carta natal" o "perfil de personalidad". Se asombrará de la exactitud. Muchos psicólogos utilizan la astrología para lograr un rápido entendimiento de sus clientes y de esa forma disminuir la duración de la terapia.

Después del signo solar, el signo lunar y el signo ascendente —o naciente— les siguen en importancia. Si conoce el signo lunar o el ascendente de un hombre, esa información será también de ayuda. La siguiente lista lo guiará a determinar el signo solar de él.

Si él nació entre:	Su signo solar es:
Marzo 21–Abril 19	Aries
Abril 20–Mayo 20	Tauro
Mayo 21–Junio 21	Géminis

Junio 22–Julio 22	Cáncer
Julio 23–Agosto 22	Leo
Agosto 23–Septiembre 22	Virgo
Septiembre 23–Octubre 22	Libra
Octubre 23–Noviembre 21	Escorpión
Noviembre 22–Diciembre 21	Sagitario
Diciembre 22–Enero 19	Capricornio
Enero 20–Febrero 18	Acuario
Febrero 19–Marzo 20	Piscis

Sobre las fechas: Cada año las fechas de iniciación de los signos pueden cambiar uno o dos días. Si su cumpleaños cae en uno de esos días de cambio de signo, una carta computarizada puede determinar su signo solar exacto.

Importante: Los nacidos en uno de los días de cambio de signo, tendrán características de cada signo.

El hombre Aries

Marzo 21 – Abril 19

Envejecer es inevitable; madurar es opcional.

Hay que destacar la honestidad en la forma en que un hombre Aries pone sus necesidades en primer lugar —al menos una mujer sabe qué esperar—. Aunque él carece de algunos de los rasgos que nos atraen —como ser considerado y no ser egoísta— es muy difícil de resistir su encanto. El gran psicólogo Carl Jung definió la masculinidad como "saber lo que se quiere y saber lo que hay que hacer para conseguirlo", y ésa es una descripción perfecta de Aries. Si le gusta un hombre seguro de sí mismo, franco, que no se queja ni es malhumorado, un Aries podría ser el indicado para usted.

Él puede ser un héroe o un sinvergüenza, pero tiene que admirar su espíritu. Siempre tiene algo que desea realizar y uno o dos sueños infiltrados en su cerebro. Podría ser restaurar un auto o crear una empresa, pero tiene un propósito y está dedicado a él.

Los pioneros que descubrieron el Oeste americano eran del tipo Aries. Querían lograr la fortuna en las minas o establecerse en su propia tierra, pero principalmente deseaban ver lo que estaba más allá del horizonte y ni siquiera consideraron la posibilidad de que la muerte los detuviera.

Un hombre Aries es alguien decidido que lucha por lo que quiere. Puede entrar en un argumento de palabras, en una lucha contra la naturaleza o a favor de los menos favorecidos. Puede ser un idealista dedicado por completo a un sueño o un idiota arrogante, pero quizás es una combinación de ambos.

Un Aries callado y reservado es fuera de lo normal, y si encuentra a uno, no se engañe. Cuando llegue a conocerlo, notará su fuerte temperamento y determinación para hacer lo que quiere y la forma en que ignora los consejos como si fueran zancudos molestos.

Él es un líder nato, pero no se detiene a pensar en cómo es la vida para la gente común y corriente. Esto lo saben muy bien los empleados, las camareras e incluso su familia. Si un correo electrónico se pierde, su bistec no está bien cocido o sus camisas no son recogidas de la lavandería, hace evidente su irritación.

Él no es bueno para planear por adelantado. Se impacienta tanto por lograr algo, que pasa por alto los detalles, su auto se queda sin gasolina o sobregira su cuenta bancaria. Le atrae el reto y fiarse de su propio juicio, pero no piensa lo suficiente en las consecuencias de sus acciones. Sale de excursión solo sin decirle a nadie a dónde va o cuándo regresará. Conduce su motocicleta sin la protección adecuada o lanza gasolina en la hoguera del campamento para prenderla. Es casi como si quisiera tener una crisis para tener algo que superar.

Si está enamorada de un hombre Aries, prepárese para el conflicto porque él a veces lo crea sólo para desahogar su irritación reprimida. Aunque trata de dominarla, prefiere una mujer que no pueda controlar. Él desea que usted responda por sí misma y sea de alguna forma un reto.

El inconsciente hombre de Aries tiene un defecto terrible: es lo que él quiere pero no puede tener lo que realmente enciende su fuego. En el comienzo de una relación es encantador; la persigue con toda su fuerza y sabe cómo hacer que se enamore de él. Es romántico, sumamente sexual y en general irresistible, pero su atención es corta y no tiene éxito con compromisos a largo plazo.

Justo cuando usted cree que ha establecido una rutina cómoda en su vida, su entusiasmo empieza a disminuir y ya no dedica todo su tiempo libre con usted. Por tal razón se siente rechazada y empieza a acosarlo.

Luego, él se siente *realmente* atado, lo cual es peor que perder un juego en el último minuto. En este momento, tiene dos opciones: poner las reglas sobre la mesa y forzarlo a hacer promesas que él no puede cumplir, o reconocer que en el fondo es un chiquillo y siempre lo será.

No se case con un hombre Aries con la esperanza que sólo la pareja o la familia será suficiente para él porque, al igual que un niño, quiere jugar con sus amigos. Decirle que no, es tan inútil como decirle a un niño que no corra junto a la piscina.

Todos ellos son fanáticos de los deportes, y podrían pasar todo el fin de semana viendo juegos; esto es, si no están participando en ellos. Les gusta todo tipo de competencia o correr sobre algo con ruedas o que vaya rápido sobre el agua o la nieve. Quizás es mejor aceptarlo desde el principio. Dígase a sí misma cuando él sale a hacer deporte o estar con los amigos, que no se le está quitando algo —está dándole algo que necesita—. Puede intentar negociar, pero no cuente con que será satisfactorio —él hallará una forma de ganar—. Toda mujer casada con un Aries necesita sus propios amigos para hacer cosas, o un hobby que pueda disfrutar por sí misma.

Aquel hombre nativo de Aries con el ego frágil es a quien hay que tenerle cuidado. Mientras usted se dedica a mantener sus propios intereses, él podría estar alimentando sentimientos negativos y mirando alrededor en busca de alguien que lo haga sentir grande, fuerte e inteligente. ¿Quién? Por supuesto, alguien nuevo y emocionante. Su carácter impulsivo sale a relucir cuando enfrenta la tentación —sólo un hombre muy comprometido puede evitarla—.

Algunos de ellos son chauvinistas. En su mundo perfecto, la mujer ideal es aquella que lo atiende, cocina, limpia, y se encarga de todas sus necesidades . . . y disfruta de hacerlo. Estos son los hombres que hay que evitar o pasar años tratando de cambiarlos. Todo hombre Aries tiene sueños y metas muy importantes para él, y espera que usted le ayude a cumplirlos mientras sus propias necesidades y objetivos quedan en un segundo plano. Es importante mantener presente sus ideales y nunca renunciar a ellos por él.

El hombre Aries es normalmente grande en todo —su corazón, su generosidad y su visión—. Sin embargo, puede estallar por cosas triviales.

Su temperamento es como un fósforo —se enciende rápidamente, luego se apaga, y no queda con rencor—. La política puede llevarlo hasta sus límites porque se enfurece por la estupidez que ve en el mundo. Es candidato para perder el control en la carretera porque odia ser desafiado. El Aries inferior lleva estos rasgos hasta el máximo y es alguien mal educado y consentido que explota de rabia cuando no consigue lo que quiere —o es un valentón que prueba su valor golpeando a alguien física o psicológicamente—. Por fortuna, la mayoría no llega a ese extremo.

Cuando él va en busca de un sueño, puede lograr más que cualquiera. Él lucha contra lo imposible con valor. Cuando está relajado y en su actitud más juguetona, es un buen compañero —entretenido, interesante y divertido en la conversación—. Pero no se sorprenda cuando empiece a hablar de nuevo de sí mismo, porque *él es* la persona más fascinante e interesante que conoce... ¡como nadie más!

¿Cómo vivir con un hombre Aries

Qué hacer:

1. Dígale que le gusta cómo defiende sus creencias.
2. Ignore su ocasional comportamiento chocante. Tenga presente el aspecto general.
3. Crea en sus sueños, incluso si requiere más tiempo que el que pensaba.

Qué no hacer:

1. No dé órdenes ni amenazas; esto sólo hace que aumente su presión sanguínea.
2. No espere que él desee pasar todo su tiempo libre con usted.
3. No espere una relación tranquila y pacífica. Si no puede aguantar algo de conflicto, deje al hombre Aries a alguien que pueda.

El hombre Tauro

Abril 20 – Mayo 20

Una copa de vino . . . una tina caliente . . . y tú.

Él es exactamente el tipo de hombre que su mamá quiere para usted —confiable y responsable—. Puede contar con que él cumple su palabra —si le dice que estará en algún lugar, estará ahí . . . y a tiempo—.

Él enfrenta los problemas inevitables de la vida mejor que cualquier otro signo. Cuando se abre una gotera en el techo el mismo día que él es despedido de su trabajo, recibe una cuenta de la oficina de impuestos por 1.500 dólares, y la llaman de la escuela para hablar de la conducta de su hijo, la persona con quien debe contar debe ser un hombre Tauro. Él tiene una aceptación estoica y, como el robot enviado a Marte, siempre continúa adelante.

Él es como el héroe fuerte y guapo de la película romántica. Es sólido e inmoble —como la tierra—, y existe una cierta comodidad en eso. También tiene una cualidad sensual que es muy atractiva para las mujeres. Además, es amable, afectuoso y tiene una buena relación con los niños.

También puede ser un gran dolor de cabeza —pero sólo si no es su tipo—. Si le gustan las sorpresas encantadoras, asistir a un evento importante, o los viajes cortos espontáneos, mejor deje el Toro en el pasto oliendo las flores, donde él está contento. No le gustan las sorpresas, ¿entonces por qué la sorprendería? No se siente a gusto en una habitación llena de desconocidos, especialmente si no lleva puesta ropa cómoda. ¿Y de los viajes espontáneos? Él no lo sugerirá; en realidad, no le gusta que le pidan ir a un lugar sin tiempo suficiente para pensarlo. Incluso si es algo que disfruta, necesita al menos unas horas, o tal vez días, para pensarlo antes de que *algo* parezca divertido. Si lo presiona a tomar una decisión rápida, su respuesta es no. En cuanto a los viajes en general —él irá, pero no le gusta la inestabilidad que crean o dormir en un hotel—. Por lo menos llévele su almohada, si es posible.

Pero, si está buscando un hombre descomplicado y estable, Tauro es su tipo. Es interesante observar que a menudo busca una mujer apasionada con la espontaneidad que a él le hace falta —pero luego se queja cuando ella no quiere quedarse en casa—. Es otra de las pequeñas trampas de la vida para mantenernos en desequilibrio con el sexo opuesto.

Él tiene su lado perezoso y puede ser adicto a ver mucha televisión, especialmente si gana peso debido a la falta de ejercicio. Una vez que inicia un proyecto, no lo abandona sin terminarlo. Sembrará el césped, pintará la casa o limpiará el garaje. La sensación de realización que tiene al finalizar un trabajo y ver sus resultados es suficiente premio para él.

Si le gusta escoger la ropa de su hombre, recuerde: él prefiere vestirse de tal forma que se sienta cómodo. Cómprele camisas de seda o algodón, y pantalones del mismo material o alguna tela suave. Si le compra una bata nueva, creyendo que seguramente le encantará, tal vez preferirá la vieja con el agujero con la que se siente cómodo. Si se viste de traje y corbata para llevarla a algún lugar, esté segura de que usted significa el mundo para él.

El ruido y la discordia lo afectan, por eso se irrita cuando los niños pelean. No le gusta una casa llena de personas yendo de un lado a otro como moscas, por eso no disfruta en particular de recibir invitados. En un restaurante, se siente más a gusto en una mesa hacia el fondo. No haga que se siente en una mesa en el centro del lugar con personas caminando a un lado o detrás de él.

Le agradan los paseos en auto por el campo o manejar largas distancias donde pueda ver los árboles, praderas y ganado pastando... el paisaje que cura su alma. Disfruta de ver golf en televisión; su ritmo lento y los acres de césped y árboles verdes lo sosiegan.

Así, mis queridas amigas, si necesitan variedad o incluso un poquito de picante en su vida, no formalicen una relación con un hombre Tauro.

Una mujer contó esta historia acerca de su novio. CADA vez que terminaban una comida, se reclinaba en su silla, sonreía abiertamente y decía: "¡bueno, una vez más, la comida arruinó mi apetito!". Finalmente ella salió con otro hombre y tuvo un fin de semana apasionado, rompiendo con el Sr. Previsible poco después. Fue un acto precipitado, pero de lo contrario, lo habría estrangulado la siguiente vez que hiciera el comentario.

Si le gustan los juegos intelectuales y la charla, busque en otra parte. Él toma lo que usted dice en forma literal y él mismo habla en forma directa. Aquí no puede discutir asuntos psicológicos o emocionales; él simplemente los ignora. Cuando usted está tratando de explicar sus sentimientos y él sonríe condescendientemente y le dice que es tonta, esto no sólo la invalida, también le causa rabia.

Como amante, no es malo debido a su naturaleza lenta y constante. —¿Cuándo nos ha gustado la velocidad en la alcoba?—. Éste es un signo muy físico y mundano, y el hombre Tauro se enorgullece de su capacidad sexual. El sexo es importante para él y no algo para apresurarse, pero no es el amante más excitante. Una vez que encuentra algo que funciona, se aferra a ello. La idea es que desde el comienzo le enseñe lo que le gusta a usted.

¿Testarudo? ¡Ni pregunte! Éste es el hombre con menos probabilidades de cambiar. Tampoco puede empujarlo a hacer algo . . . —es más fácil empujar a una mula—. En cuanto al dicho de "tenga cuidado de lo que pide", no pida paciencia o podría encontrar un nativo de Tauro. Él rechaza el cambio, especialmente si incluye empezar de nuevo, como en un nuevo empleo, nueva relación o nuevo lugar. No es probable que renuncie a su matrimonio, incluso si éste es difícil. Hay buenas y malas noticias al respecto: las buenas son que no perderá a su esposa, familia y hogar por amor: las malas son que eso no es garantía de que no encontrará satisfacción sexual en otra parte. Al menos, él no es de esa clase.

Es un hombre real y descriptible —¿cómo podría ser de otra manera un toro?—. Si usted es vegetariana, cocinará dos comidas o adicionará carne a la porción de él. Si le agrada experimentar con platos exóticos, es probable que él los coma, pero no mostrará entusiasmo. Prefiere comida simple: carne, asados y bistec.

Los acuerdos prenupciales fueron inventados por una mentalidad tipo Tauro; no quiere que nadie se lleve sus cosas. No es que sea tan materialista, sino apegado. Si tiene que empezar de nuevo —digamos que por un incendio devastador o por un divorcio— sufre más que cualquier otro signo. Las cosas nuevas no significan nada; son los viejos objetos y muebles los que quiere a su alrededor.

Por desgracia, él puede pensar que sus posesiones la incluyen a usted. Si algo le produce ira, es la amenaza a su seguridad, la cual significa su esposa y familia. Si todo aquello por lo que él vive es amenazado, pierde su equilibrio y, en casos extremos, puede volverse violento. Aquí no actuará como aquel ser dócil que creía conocer. Nunca agite una bandera roja frente a un toro, a menos que esté preparada para ser corneada.

¿Cómo vivir con un hombre Tauro?

Qué hacer:

1. Recuerde que, para él, una comida hecha en casa es un acto de amor.
2. Aprecie el hecho de que tiene un hombre a su lado con buenas probabilidades de ser fiel.
3. Tenga presente que él necesita tiempo cada semana en el sofá viendo la televisión sin tener que responder preguntas.

Qué no hacer:

1. No espere que él se reponga en un minuto cuando está enojado. Déle tiempo.
2. No espere que asista a todos los eventos sociales a los que usted quiere que vaya —aquí es donde sus amigos entran en juego—.
3. No le dé a sus parientes y amigos la impresión de que pueden visitarla en cualquier momento. A él no le gustan que las personas invadan su espacio.

♊
El hombre Géminis
Mayo 21–junio 21

Los hombres Géminis sólo quieren una cosa
—el control remoto del televisor—.

No hay un hombre más interesante en el zodiaco que un Géminis. Él fue el primero de su grupo de amistades en enviar fotos desde su teléfono, usar un TiVo o conectar altavoces a su iPod. Su debilidad es el aburrimiento, por eso se distrae con la tecnología y los aparatos. Le gusta comprender cómo funcionan las cosas, ¡y eso la incluye a usted! Quiere que le diga algo inteligente para analizarlo y compararlo con lo que él cree o lo que dijo ayer. Reúne trozos de información inútiles de modo que cuando recuerda los nombres de sus amigos, sus compañeros de trabajo y el gato, que usted odia cierta clase de maquillaje y que lee su horóscopo todos los días, él simplemente está adicionando trivialidades a su vasta colección... ¡y usted creía que estaba fascinado con su personalidad! Cuando tiene algo que decir en cada tema que usted saca a colación, es porque sabe mucho y le gusta oírse hablar al respecto.

"Por fin", usted piensa, "un hombre a quien le puedo brindar mi amistad", y esta vez tendría la razón. Él es un amigo maravilloso. Pero cuando el encanto de la amistad se convierte en el limitante abrazo del compromiso, las cosas se ponen dudosas. Usualmente no es el mentiroso y tramposo que la astrología barata lo ha caracterizado, sino que quiere experimentar todo lo que la vida ofrece y teme quedar atado en una profesión o relación.

Las mujeres que tienen demandas emocionales intolerables —según él— son su peor pesadilla. Si usted es una mujer hogareña cuyo sueño es instalarse en una casita campestre cómoda y criar un par de chiquillos con un hombre que lleve a casa un salario estable, lo mejor sería que siga buscando. Si es una mujer independiente y ocupada que requiere mucha libertad, él es una posibilidad. Si no le interesa establecerse, pero necesita mucho tiempo y atención de su pareja, también debería evitar este signo como a la gripe.

Él *puede* aferrarse a un empleo y subir la escalera del éxito, pero es más probable que se agache debajo de la escalera y viva de su inteligencia. En los peores casos, es un vagabundo perpetuo, buscando siempre su verdadera vocación. Según él hay muchas cosas interesantes y es bueno en numerosas tareas, entonces, ¿cómo puede tomar una decisión? Tal vez podría trabajar en la empresa de su padre y algún día tomar posesión de ella, pero si sigue su corazón, tocará en una banda en un crucero, o se quedará en una casa de campo mientras escribe una novela.

Tenga en cuenta que nunca tendrá su atención total. Incluso cuando él esté sentado hablándole, no puede evitar observar a alguien que acaba de entrar a la habitación. En el tiempo que le toma a usted pronunciar una frase, la mente activa de él ha tocado una docena de pensamientos no relacionados. No crea que esto significa que ha perdido interés; es sólo su curiosidad natural. En realidad puede escucharla y estar atento a una conversación junto a él. Su mente funciona mejor cuando está ocupada.

Fiel a su naturaleza, a menudo hace cosas de a "dos". Tiene su trabajo y un hobby importante, o tiene dos empleos, o puede trabajar y estudiar. Tiene dos autos o dos computadores, pero ojalá no dos mujeres, ¡al menos no cuando una de ellas sea usted! Este enfoque es extraordinario, y lo verá operando en la vida de un Géminis.

Ver televisión con él es una experiencia única —se necesita buena suerte para quitarle el control remoto de sus ágiles dedos—. Todos los hombres suelen cambiar de canal en forma compulsiva, pero un Géminis debe ser el peor, porque su mente es tan rápida como corta es su atención. No quiere perderse nada y absorbe mejor la información en trozos pequeños, mientras sus propios circuitos cerebrales se queman.

La vida no será aburrida si se engancha con uno de estos hombres, porque nunca sabrá lo que viene después. ¿Sabe que está tratando con dos personalidades distintas? ¿Cómo puede predecir lo que él hará cuando ni siquiera está segura de quién se trata? A él ni siquiera le gusta exponer sus opciones, porque sabe que cambiarán e instintivamente no quiere aferrarse a ellas. Cuando usted cree que lo conoce, él adoptará una nueva actitud o tendrá un nuevo plan . . . ¿cuán confuso es eso? Usted pensaría que con toda la información que ha acumulado, él debería tener conocimiento de sí mismo, pero pone tanta fe en el intelecto, que descarta lo emocional. Puede persuadirse o alejarse de algo hasta que no tiene ningún sentimiento, sólo argumentos —luego aparece como frío o calculador—. Incluso si sabe cuáles son sus necesidades emocionales, no las compartirá con nadie distinto a su propio gemelo, su verdadera otra mitad.

Constantemente necesitan absorber información, por eso son ávidos lectores. Esto hace que uno se pregunte cómo sobrevivieron antes que llegara la Internet y pusiera en sus manos todo un mundo de información. Su segunda necesidad es comunicarse. Usa su teléfono celular, el correo electrónico, los mensajes inmediatos y sus notas diarias para mantenerse en contacto. Cuando no está en la computadora o viendo televisión, está conversando con alguien. No le cuente sus secretos más oscuros, o una parte de la información que no quiere que se divulgue. Él no lo hace con mala intención, pero no puede evitar hablar de algo interesante . . . ¡a menos que sea acerca de sí mismo! Él nunca habla de sí mismo. Si cree que usted está escudriñando sus secretos, se mostrará evasivo, hará un comentario ingenioso y cambiará el tema.

Deberá ser flexible y tener fe. No intente limitarlo a un horario ni le diga que debe cortar el césped cada sábado o cenar con su familia todos los jueves. No se moleste si él quiere pasar tiempo con sus amigos jugando con la Internet. La única forma de vivir con él es confiar en él. Eso suena ilógico, pero es cierto, porque nunca podrá atraparlo en una mentira. Si hace demasiadas preguntas, él simplemente mentirá más. No puede forzarlo a seguir su plan ni hacer que quiera estar con usted. Sólo puede aceptarlo como es. Si él no es fiel, su relación se deteriorará y sabrá que algo está mal.

Este hombre prospera en la movilidad mental y física. Átelo a un lugar y a un trabajo, haciendo una cosa, y con el tiempo se irá —o actuará tan violentamente que *usted* decide terminar la relación—. Tal vez recibirá una tarjeta de "lo siento" en el correo. No, eso es demasiado problema; él mejor le enviará un correo electrónico.

El peor tipo de Géminis es un hombre tramposo que miente para salvarse. Racionaliza sus acciones para no ser perturbado por la culpa o remordimiento. Puede timar o robar, siendo la falsificación una de sus especialidades. Puede abrirse camino en su cuenta bancaria, irrumpir en sus ahorros y perjudicar su historia de crédito. Él es muy listo para tener dos familias en diferentes ciudades y mantener a todos engañados, al menos por un tiempo. Por fortuna, esta clase de hombres peligrosos son poco comunes. Si no puede confiar en su amante y respetarlo, entonces todo el sexo magnífico y la mejor conversación en el mundo no significan nada, no a la larga, de todos modos. Vaya lentamente con un hombre Géminis y deje que sus acciones demuestren sus intenciones e integridad. Incluso los grandes hombres de este signo nunca crecen porque sus mentes permanecen jóvenes —y curiosas—. Siempre están cambiando y mañana serán diferentes a hoy. Una mujer puede no encontrar tranquilidad con un Géminis, pero tal vez aprenderá algo, como apreciar el momento y dejar que el futuro se encargue de sí mismo.

¿Cómo vivir con un hombre Géminis?

Qué hacer:

1. Cultive su grupo de amistades para que de ese modo no tenga que depender de él para todas sus necesidades emocionales.
2. Cuando él discute con usted, a veces es sólo porque le gusta discutir. Él puede cambiar de parecer y ser igual de convincente.
3. Esté al tanto de los eventos y tecnología. Mejore sus habilidades en la computadora. ¡Sea lista!

Qué no hacer:

1. No lo reproche acerca de tareas y responsabilidades.
2. No se moleste si él siempre llega tarde. Siempre tiene mucho que hacer cada día.
3. No trate de alejarlo de su computadora. Consiga una y únase a él, o encuentre otra forma de tener un rato agradable.

El hombre Cáncer
junio 22–julio 22

Los hombres también tienen sentimientos, pero, ¿a quién le importa?

Si ha salido con un hombre Cáncer que no la llamó después de una primera cita agradable, tal vez supuso que él no la disfrutó tanto como usted. En realidad si la disfrutó, pero él es fiel a sus tendencias de cangrejo, y está actuando con su famoso "paso a un lado". Vacila en hacer el siguiente movimiento hasta que esté seguro que no será rechazado, así que no tema llamarlo y sugerirle salir una vez más. Él podría vacilar de nuevo cuando llegue el momento de hacer el compromiso final de matrimonio. Tiene un escudo de protección —puede ser herido porque siente las cosas profundamente—.

A pesar de esta característica, la mayoría terminan casados y con familia. Desean crear de nuevo el hogar de apoyo que conocieron —o anhelaron— cuando eran niños. Él es un padre excelente, aunque puede sentirse amenazado si su esposa le da la mayoría de su atención a los hijos: él necesita una reafirmación del amor que ella le tiene. El hogar, la madre y un pastel de manzana —las claves para llegar al corazón del hombre Cáncer—.

Y hablando de la madre, él siempre está atado —por amor o por odio— a ella. Son muy cercanos o totalmente alejados. En cualquier caso, ella permanece como una influencia importante. El consejo que recibió de su mamá de "encontrar un hombre que ame a su madre" nunca fue más cierto que con un Cáncer, porque el cangrejo que odia a su madre es un crustáceo rudo. Es mejor dejarlo quieto en su concha.

Sabe que ha encontrado un buen hombre cuando él está dispuesto a ir de compras o tomar una clase de yoga con usted. Ellos a menudo harán sacrificios personales para complacerla, como cuidar los niños mientras usted va a una sesión de masajes. Él es sensible, dulce y quiere una familia tanto como usted. Cuando le da un pañuelo para que se seque sus lágrimas en una película triste, quedará conmovida.

Ellos enfrentan mucho conflicto porque cuando niños pronto aprenden que los hombres deben ser fuertes y que mostrar emociones es señal de debilidad. Las mujeres saben que esto es simplista, por no decir equivocado, pero la mayoría de los hombres creen que deben cumplir con la expectativa, y entonces presenta una falsa fachada. Su disfraz más común es el de un hombre extrovertido y alegre, pero ése no es él realmente —él es un tipo enojadizo con el corazón blando—.

Hay gran variación en cuanto a sus características, pues su planeta regente es la Luna variable. Es mucho más fácil vivir con uno relativamente equilibrado proveniente de un hogar amoroso, que con uno que haya sido afectado a nivel emocional durante su infancia. El afectado siempre está vigilante y a la espera que su mayor temor se haga realidad —que no sea amado—, así que se pone de mal humor cuando se siente rechazado y se irrita cuando no se siente necesitado. No puede explicar sus sentimientos y él mismo no los comprende, por eso se retrae emocional, y a veces físicamente, para protegerse. Cuando siente que usted ya no está totalmente de su lado, puede ser frío e incluso cruel, y puede llegar a decir, "he dado tanto y no me aprecias".

Incluso el más equilibrado no es necesariamente sensible a los que están fuera de su círculo porque le toma tiempo construir la confianza. Mientras tanto, podría ser brusco e incluso grosero, especialmente si cree que su familia y seguridad son amenazadas —él protege lo suyo, bajo cualquier circunstancia—. Una vez que alguien está dentro de las puertas de su mundo, hace lo que sea por esa persona.

Todos los signos de agua —Cáncer, Escorpión y Piscis— son complicados porque de ellos es el reino de los sentimientos —y los sentimientos son en parte inconscientes—. Cuando están al tanto de sus emociones y motivaciones, son el signo más intuitivo y psíquico. Cuando no lo están, son muy sensibles a la más ligera amenaza. Un hombre Cáncer necesita una mujer que lo entienda o al menos le dé apoyo emocional. Incluso una mujer que no sea especialmente protectora hará el esfuerzo por darle el amor, estímulo y consuelo que necesita, si ella es inteligente. Es una buena inversión para el matrimonio con un hombre que estará ahí mucho tiempo.

Para ellos, la sola idea del divorcio es espantosa, por eso incluso siendo infeliz, preferirá seguir casado —rara vez es el que toma la decisión de separarse—. Si ésa es su intención, puede presionarla a tal extremo, que ella decide terminar la relación —y de esa forma él no tiene que iniciar la confrontación—.

Tal vez esto le ayudará a decidir si el cangrejo es su tipo de hombre: ¡Cáncer es uno de los signos del zodiaco con mayor probabilidad de enfrentar al mundo y hacer que algo suceda! Debido a que parece inseguro de sí mismo, la gente a menudo lo subestima, pero tiene visión y gran imaginación. Es un buen jefe porque sus empleados son como su familia y vela por el bienestar de ellos. Es poco probable que cambie de trabajo porque le gusta la seguridad de permanecer con la misma empresa y las mismas personas.

Es organizado con su dinero, conoce su estado financiero y su informe de crédito. Cuida su dinero con atención, a veces demasiado. No olvide mantener las luces innecesarias apagadas y observe los límites de su tarjeta de crédito. Un hombre Cáncer preocupado por dinero puede ser tacaño, y por eso tiene éxito a nivel financiero —no todo es perfecto—.

Debido a que está acostumbrado a ser diferente en un mundo de machos, no tiene inconvenientes para ayudar con los trabajos del hogar. Si llega a casa del trabajo primero, podría empezar a preparar la cena o descargar el lavaplatos. Es dedicado a sus hijos y escucha a su esposa; es comprensivo y estimulante. Tiene una risa loca y no teme usarla. Se preocupa por su dinero, salud, padres, hijos y empleados. Es el tipo de hombre con las cualidades que las mujeres dicen que quieren ver en los hombres —protectores y sensibles—.

¿Cómo vivir con un hombre Cáncer?

Qué hacer:

1. Quiera a sus suegros y muéstreles el debido respeto. Si no puede quererlos, finja, especialmente con su suegra.
2. Anímelo a aprender a relajarse escuchando cassettes, practicando yoga, ejercicios de respiración o meditación. Su tenso sistema nervioso lo necesita.
3. Dígale cuánto admira a un hombre que no teme mostrar sus sentimientos.

Qué no hacer:

1. No haga planes con sus amigas sin hablar con él primero. No se trata de pedir permiso, sino de demostrarle que le importan sus sentimientos.
2. No le diga que deje de mirar al pasado. Es su naturaleza echar un vistazo atrás y meditar sobre lo que pudo haber sido o haber hecho de manera distinta.
3. No lo presione a deshacerse de su ropa vieja o recuerdos de infancia. Si debe hacer una limpieza, hágala en compañía, y muéstrele que usted también se está deshaciendo de sus cosas viejas.

El hombre Leo

Julio 23–Agosto 22

*Mi vida es como un rompecabezas
y tú eres una parte importante,
eres como una pieza angular.*
—Sam Malone a Rebecca en Cheers

El Sol está en su mejor y más fuerte posición en este signo, así que no hay un hombre como un Leo. Es generoso, divertido, y tiene buena probabilidad de ser exitoso. Todo lo que quiere es ser tratado como una persona muy importante y amado como un hijo único esperado desde hace mucho tiempo.

Tiene estilo y carisma, sin mencionar buen cabello. Es fácil ver por qué él cree que debería ser lo más importante en su mundo y, créame, lo es. Él sabe cómo hacer que se sienta femenina y deseable. La llevará a un buen restaurante y le dará un obsequio valioso, pero necesita oír cuánto le gusta el regalo y cuánto lo adora a él —lo reconforta hasta los dedos reales de los pies—. Se torna caprichoso si piensa que sus grandes gestos, e incluso los pequeños, no son valorados, así que por el amor a Dios, ¡muéstrele entusiasmo cuando él sea atento!

Él quiere amar y ser amado. En realidad, no sólo quiere, ¡lo necesita! Un Leo que no se sienta amado es un alma triste y solitaria y no permanece así mucho tiempo, si puede hacer algo al respecto —y usualmente puede porque es muy simpático—. Hay pocos solteros en este signo.

Él protegerá a sus seres queridos y hará lo que sea por ellos. Elogia a sus hijos y los anima a tener éxito. Sólo ve sus cualidades sobresalientes y se jacta de ellas cada vez que tiene la oportunidad.

Si es una mujer independiente con una profesión importante, tiene una cuerda floja para caminar con él. La parte difícil es ser su compañera adorada y equilibrar eso con sus propias actividades. Por un lado, él está orgulloso de usted, pero por otra parte, sufre si cree que está en segundo lugar. Un Leo seguro de sí mismo no tiene problemas con una pareja independiente y realizada, pero uno que no lo esté, se siente amenazado.

Aún cuando le gusta dar, no es bueno para recibir obsequios o favores. Tiene un aura de autosuficiencia y nunca reconoce necesitar algo o sentirse mal. Si acaba de declararse en bancarrota y un amigo le pregunta cómo van las cosas, dirá que siempre están "maravillosas". No permite que nadie sienta lástima por él.

A un hombre Leo le gusta vivir en grande. Él hará que le envíen un nuevo sistema de sonido a la casa, mientras usted se pregunta cómo hacer el pago de la hipoteca. Es derrochador por dos razones. Primero, compra sólo lo mejor, y segundo, se resiente por las limitaciones, así que no es probable que revise el saldo bancario para ver si puede pagarlo. No deja que detalles pequeños como un presupuesto dicten lo que puede hacer. Una mujer debe tener mucha fe para sobrevivir con él.

No todos los nativos de Leo son extrovertidos y quieren ser el centro de atención —el suyo podría ser del tipo tranquilo—, pero todos tienen un poderoso deseo de ser reconocidos y ser importantes de algún modo. Quieren realizar algo grande, y con su gran creatividad y fuerza de voluntad, usualmente lo hacen. El Leo a menudo asciende a una posición más alta que aquella en la que nació, y frecuentemente es el receptor de oportunidades afortunadas a lo largo del camino.

Ellos toman la responsabilidad seriamente, son buenos administradores y quieren ser conocidos por su capacidad e integridad. No les piden a sus empleados que hagan algo que ellos mismos no harían. Se quejan de que tienen que llevar toda la carga, pero secretamente les gusta. No son buenos para delegar responsabilidad. Un jefe Leo puede decirle a alguien dónde poner las sillas, pero no lo pone a cargo de dónde ponerlas.

Disfruta del juego al azar y, como todo lo demás, le agrada hacerlo a gran escala. Esto es especialmente cierto si apuesta con amigos porque su imagen de "gran apostador" está en juego y esto puede nublar su usual buen juicio. Invertir en la bolsa de valores es una forma aceptada de juego y también querrá probar suerte con eso.

Si tuvo una relación que fracasó con un Leo, tal vez trató de cambiarlo y descubrió que estaba perdiendo su tiempo. Quizás él era demasiado para usted, o quizás se dio cuenta de que lo único que tenían en común era que ambos estaban enamorados de él. En realidad, el ego de Leo es la mayor amenaza del matrimonio. Si creció en un hogar inestable y es inseguro, es difícil lograr una relación duradera. Una vez que su gran amor —usted— toma el rol de esposa, es la única que ve sus defectos y que, junto con los baches negativos que tienen todos los matrimonios, es suficiente para hacer que dirija su atención hacia otra mujer en busca de la admiración y el respeto que necesita a fin de sentirse bien consigo mismo. Así que si le gusta un Leo, ¡encuentre uno seguro de sí mismo!

Cuando envejece y ha dejado su huella en el mundo, él todavía tiene la mejor parte de su vida que espera con ilusión... el retiro y ser abuelo. Un hombre Leo ama los niños y tiene un sentido infantil de la diversión, así que sus nietos naturalmente lo adoran. El amor incondicional, más la excusa de comprar juguetes, convierte un papá Leo normal en un abuelo fenomenal.

Si su hombre Leo tiene fe en sí mismo y puede reírse de sí mismo un poco, es uno de los buenos.

¿Cómo vivir con un hombre Leo?

Qué hacer:

1. Dígale a menudo cuánto lo ama y lo respeta y cuán orgullosa está de él.
2. Vaya a su oficina luciendo fabulosa; él necesita una compañera de la cual se sienta orgulloso.
3. Configure su mundo alrededor de él. Sí, es contra nuestro código, pero qué le vamos a hacer.

Qué no hacer:

1. No intercambie los obsequios que él le regala, incluso si no le gustan, a menos que él diga que no le importa... y aun así, no le crea.
2. No lo corrija en público y, naturalmente, nunca lo desprecie.
3. No le diga que ha contado esa historia antes. Sólo escuche con amor y una sonrisa.

El Hombre Virgo

Agosto 23–Septiembre 22

*Los hombres Virgo son como los computadores,
tienen muchos datos, pero todavía no tienen ideas.*

Hay mucho que admirar en un hombre Virgo. Para empezar, él comprende por qué su computadora no prende. Puede desmontarla, diagnosticar el problema y armarla de nuevo antes de que usted diga, "Dios mío, toda mi vida depende de esta cosa". Puede llamarlo el "reparador" del zodiaco. Disfruta sentirse útil y por eso se alegra al ayudarla, y además tiene la oportunidad de mostrarle cuán listo es.

Es inteligente y probablemente opta por la enseñanza superior, aunque también puede ser un artesano experto. A menudo tiene un hobby y sobresale en lo que requiera lógica, destreza manual y atención a los detalles. Le gusta sentirse útil, y rara vez se encuentra sin estar llevando a cabo un proyecto.

Es bueno para resolver problemas, especialmente los de usted. Cuando le pide un consejo, lo hace sentir muy bien, porque le encanta dar su opinión y saber que lo necesitan. Háblele sobre un dilema que está teniendo con un compañero de trabajo, y él le dirá exactamente lo que debe hacer. Aunque puede no tener en cuenta las emociones o motivaciones psicológicas, es astuto y perceptivo. Combine estos consejos con su conocimiento de las personas, y sabrá casi con seguridad cuál es el mejor enfoque a tomar.

Hablemos de algo por lo que es famoso este signo: su tendencia a criticar. Dicen que un hombre Virgo nota cada pequeña cosa que está mal y —en un típico comportamiento masculino— ignora lo que es acertado. Si usted acaba de lavar veinte ventanas, él notará la que no lavó. Si prepara una comida deliciosa, él dice que el pollo tenía demasiado curry. Esta actitud es el resultado natural de una mente que no puede dejar de analizar.

El rasgo es más pronunciado en aquel individuo que creció en un hogar carente de amor y apoyo. Siempre ve lo negativo, nunca lo bueno, y siempre necesita tener la razón. Él la presiona para que dé su opinión sólo para derribarla con un bombardeo de hechos y probar que está equivocada.

Este tipo de Virgo le pregunta a su hija por qué obtuvo "B" en historia mientras sus otras calificaciones son "A". Cuando su hijo de quince años ingresa al equipo de béisbol, le dice, "mejor que empieces a hacer ejercicio, estás terriblemente débil". Ésta es la crítica que aplasta el espíritu. Si tiene este tipo de Virgo, deberá ser fuerte. Algunas mujeres han necesitado terapia para restaurar su valor personal. Aun así, no es probable que estos defectos den un golpe fatal a un matrimonio, y si una mujer es segura de sí misma, puede vivir con él, beneficiarse de sus consejos e ignorar el resto.

Virgo es el signo del zodiaco menos impulsivo y más responsable. No gastará dinero imprudentemente ni comprará algo demasiado costoso —para cualquiera de los dos—. No espere que el romance supere el espíritu práctico. Los obsequios que le da serán útiles —una aspiradora, un juego de cocina, o tal vez un libro de culinaria sobre comida baja en grasa—. Por lo menos él no comete muchos errores económicos —es demasiado prudente para apostar la casa y perderla, o hacer inversiones desastrosas—.

Otro rasgo de Virgo es su comportamiento compulsivo por la limpieza. Él no es un desordenado que deja un rastro de comida por donde camina, medias sucias y periódicos viejos para que usted los recoja. Si ese es el caso, no lo ayude por una semana, que cuando él vea el desorden, no lo hará más. Nunca tendrá que preocuparse por su higiene personal —probablemente se ducha *muy* a menudo—.

Podría encontrar un soltero Virgo que deje platos sucios amontonados en el fregadero y tenga que caminar con dificultad por la sala para llegar al televisor, pero en el fondo, eso lo molesta.

Si una casa limpia no es su obsesión, algo más lo será, como mantener su auto perfectamente limpio, o colgar cada herramienta en su sitio indicado. La siguiente es la experiencia de una mujer con un hombre Virgo que ilustra su falta de espontaneidad.

Una noche estaban a punto de hacer el amor. Ella estaba en la cama, esperándolo ansiosamente, mientras que lo observaba colgando sus pantalones en una percha, *presionando las mangas con los dedos*, y luego colgándolos con cuidado en el armario. Su entusiasmo palideció cuando se dio cuenta que su hombre no iba a ser invadido por la pasión en los minutos siguientes.

Las palabras "trabajador obsesivo" pueden ser usadas demasiado estos días, pero tal vez fueron inventadas por un Virgo. Cuente con que él pase la mayor parte de su tiempo en el trabajo. Una mujer que quiere que él participe en la vida familiar podría decepcionarse cuando no aparezca para un juego de su hijo o un recital. Él se juzga a sí mismo sobre cómo se desempeña en el trabajo y ésa es su prioridad; no hay nada que hacer. Pero al menos la familia no tendrá que luchar durante muchos períodos de escasez sin sueldo. Si un trabajo le brinda seguridad, no cambiará de empresa a empresa. Si está desempleado, se deprime y empieza a dudar de sí mismo. Se pone a arreglar cosas que no necesitan arreglo y, en general, da a su esposa una idea de qué esperar cuando se retire.

No se sorprenda si le regala un sillón para descansar en el patio, pero nunca lo utiliza. Él tiene una lista de oficios para el fin de semana porque siempre hay algo que necesita hacer. Los hijos de un hombre Virgo se encerrarán en el cuarto de baño los fines de semana sólo para tener unos momentos de paz.

Si usted cuida de su salud, tendrá mucho en común con él. Regálele una membresía a un gimnasio donde puedan disfrutar juntos porque él necesita hacer ejercicio —su sistema nervioso lo exige—. Él vive preocupado, y si no lo está por dinero, será por su salud. Probablemente toma vitaminas, vigila su dieta y usa seda dental en sus dientes.

El típico Virgo es meticuloso respecto a su vestidura. Esto ya se hace evidente cuando comienza a caminar. Tim, un Virgo de dos años de edad, llamaba "gruñón" a la ropa que no le gustaba, y se negaba por completo a usarla. Según él, la mayor parte de su ropero era de esa forma, especialmente la que había sido comprada en tiendas de descuento. Ya a esa edad él no aceptaba lo que no fuera cómodo y de calidad, al menos no sin dar una lucha.

Para su mérito, un hombre Virgo la cuidará cuando esté enferma —si no se encuentra en el trabajo—. Él entiende la situación y lo hará estoica y eficientemente.

Nunca diga nada malo sobre él o algo bueno, si es el caso —sólo déjelo al margen del asunto—. Él es una persona reservada que no le gusta la atención; a veces hasta un cumplido lo hace sentir incómodo. No quiere estar apenado en público, así que no se cuelgue de él, no le toque el trasero, ni se siente demasiado cerca. Él prefiere mantener en privado todas las expresiones de amor. En la cama, tal vez no es el más creativo, pero es un buen técnico y se enorgullece de ser eficiente. Usted podría estar en peores condiciones.

¿Cómo vivir con un hombre Virgo?

Qué hacer:

1. Deje que haga todas las reparaciones y remodelaciones que quiera, y finja no notar si el trabajo no es perfecto. Él lo sabe.
2. Huela delicioso a todo momento.
3. Recuerde que él se ablandará después de sus treintas y cuarentas, y se sintonizará más con la familia.

Qué no hacer:

1. No subestime la importancia de su trabajo. Él puede sorprenderse al extremo si hay cambios imprevistos en sus labores.
2. No se enoje cuando él diga, "te lo dije". Sin duda lo hizo.
3. No escoja ropa para él a menos que esté segura de sus gustos y aversiones —él es muy particular, en caso de que no lo haya notado—.

El hombre Libra

Septiembre 23–Octubre 22

Es bueno ser bueno con el bueno.
—Frank Burns en *MASH*

¿Necesita a alguien que la saque del mal humor? Un hombre Libra sabe qué decir para ayudarla a ver sus problemas en una perspectiva diferente y tal vez sacarle una sonrisa entre dientes. Él sin duda personifica la estrofa "tratar de mantener el ánimo arriba cuando se siente triste", como canta Willie Nelson en "Angel Flying Too Close to the Ground".

Es difícil permanecer deprimida junto a un Libra porque es excelente para ver sólo lo positivo e ignorar lo negativo —en realidad, así es que él vive la vida—. Es de buen humor, rara vez se enoja y nunca es mandón. Hay sólo una pequeña trampa en su afabilidad —a menudo no es sincera—. Odia tanto los escándalos y las emociones desagradables que enmascara su irritación tan pronto como empieza a brotar. Su rostro pasa de la ira a la risa en un instante. Quiere que todos estén felices, especialmente con él.

El canal de televisión *Discovery Channel* emitió un programa en enero de 2005 sobre un estudio hecho con niños de cinco años para ver qué tanto podían mentir. A cada niño se le dio un trozo de chocolate amargo para que lo probara y luego fingiera que había sido de su agrado. Algunos pudieron fingir mejor que otros. Los investigadores descubrieron que los mejores mentirosos eran los más hábiles socialmente en el patio de recreo y los que congeniaban más con sus compañeros. ¿Hay alguna pregunta sobre el por qué llaman a Libra el diplomático del zodiaco?

Es fácil vivir con él día a día, pero en lo que se refiere a la felicidad a largo plazo, es otra historia. Es difícil mantener la cercanía cuando alguien esconde sus problemas, sin mencionar su profunda tristeza. La siguiente historia es acerca de un hombre Libra que fue llevado a su extremo, pero mantuvo una actitud agradable en la superficie:

Darrell estuvo casado diez años con Susan —el segundo matrimonio de cada uno—. Ella nunca ocultó su antipatía por la hija adolescente de Darrell, pero él lo soportó sin quejarse, y aun así era maravilloso con los hijos y nietos de Susan.

Susan era amante de los animales y cuidaba a su perro doberman, a sus dos gatos y los siete gatos callejeros que había alimentado desde que eran pequeños. Darrell nunca se quejaba del costo, el olor o el alboroto; ni una sola palabra.

Susan se enfermó de enfisema, pero no quería —o no podía— dejar de fumar, incluso cuando recibía respiración artificial 24 horas al día, 7 días a la semana. Él compraba sus cigarrillos y nunca se quejó de los gastos médicos costosos. Susan vivió así durante años y Darrell nunca dejó de ser el esposo confiable y amoroso.

El día después de la muerte de Susan, Darrell entró a la casa, tomó los gatos y el perro y, sin consultar a los hijos de Susan, los llevó al refugio de animales para sacrificarlos.

Ésta no es una historia sobre qué es bueno o malo, sino una ilustración sobre el bloqueo de sentimientos; mientras más se reprimen peor será la inevitable explosión. Tal vez su hombre Libra no reprime los sentimientos como lo hizo Darrell, pero tómelo como una señal de advertencia si él dice: "¿Enojado? No sirve de nada enojarse". "¿Herido? No estoy herido". "¿Celoso? No tiene caso ser celoso". A veces sus sentimientos reprimidos se exteriorizan por medio de la enfermedad o depresión.

Si tiene una relación con un hombre Libra, fije algunas reglas fundamentales. Dígale con anticipación que quiere discutir los problemas abiertamente. Él estará de acuerdo, naturalmente, pero asegúrese de que si cumplirá. Investigue sus verdaderos sentimientos, incluso si no son los que le gustaría oír. No deje que las dificultades continúen: se requieren dos personas para ignorarlas y cubrirlas completamente. A pesar de sus mejores esfuerzos, no espere que él sea totalmente abierto y honesto acerca de lo que está sintiendo o pensando, pero al menos podría evitar que su matrimonio se convierta en una guerra no declarada.

Hay tantas cosas que admirar en un hombre Libra. Aunque parece muy fácil de dominar por ser tan agradable, no es para nada débil o dependiente. Es uno de los cuatro signos directores y sabe cómo realizar las cosas (Aries, Cáncer y Capricornio son los otros), y lo hace con tal sutileza, que aceptamos cosas en las que normalmente no estaríamos de acuerdo.

Libra es el signo de la estrategia, así que él hará un plan para conquistar su corazón. La halaga, le trae flores, la lleva a restaurantes finos y, en general la trata como a una reina. ¿A qué mujer no le gustaría eso?

Aquí está otra advertencia. Si quiere perturbarlo, llévelo a un lugar ruidoso, tumultuoso o que huela mal. Él prefiere los entornos agradables y tranquilos y asociarse con personas corteses. Si quiere discutir fuerte y apasionadamente acerca de sus creencias, lo ahuyentará.

Libra es el signo de la balanza, y su función es mantenerla equilibrada, pero eso significa que va de un extremo al otro. Trabaja con dedicación y luego necesita mucho descanso. Trabajar al extremo, o no hacerlo del todo, parece ajustarse a su personalidad. Deje que tenga estos descansos sin presionarlo.

Puede ver el mismo rasgo en la forma en que evalúa todos los pros y los contras de un asunto. El solo hecho de decidir si va a ordenar un filete o una costilla es una prueba rigurosa. Podría ofrecerle compartir dos comidas y él estaría feliz de no tener que escoger.

La manera en que ve cada lado de un asunto es la razón por la que es un conversador muy interesante. Debatir, hablar, razonar, comparar —para eso vive—. Las ideas son sus herramientas y puede reorganizarlas indefinidamente, sólo para su propia diversión.

Otra advertencia: si le agrada hacer cosas sola, tendrá problemas con un hombre Libra —le disgusta ir a cualquier parte solo—. Este hombre necesita compañía tanto como Bill Clinton necesita una audiencia. Si no quiere ser la mitad de una pareja perpetua, deje el hombre Libra a una mujer que si lo quiera.

Debido a que no quiere estar solo, a menudo permanece en una mala relación. Cuando se divorcia, usualmente tiene a alguien esperándolo a la vuelta de la esquina antes de hacer la ruptura final. Libra es el signo que más a menudo regresa con una ex cónyuge e incluso se vuelve a casar con ella. Si no es así, por lo menos continúan siendo amigos. Le gusta la belleza en todas sus formas y es atraído por un rostro bonito, por eso frecuentemente se casa más de una vez.

¿Cómo vivir con un hombre Libra?

Qué hacer:

1. Siempre luzca lo mejor posible —él lo apreciará—.
2. Envíe a la lavandería toda su ropa, incluso casual. Ninguno de los dos querrá hacer todo ese planchado.
3. Contrate a alguien para arreglar las cosas en la casa. Él hará lo que sea por cualquiera, a menos que le diga que tiene que hacerlo.

Qué no hacer:

1. No se enoje cuando le diga la verdad ... ya es difícil para él hacerlo.
2. No se sorprenda si él se lava el cabello en un lago durante una excursión. Le disgusta estar sucio.
3. No lo haga asistir a funciones solo. Sea su compañera y él será suyo de por vida.

El hombre Escorpión
Octubre 23–Noviembre 21

Las mujeres buscan una pareja.
Un hombre Escorpión busca aparearse.

Así que está atraída por un hombre Escorpión y quiere conocerlo por completo para compartir su vida. ¡Qué dulzura! —pero renuncie al sueño—; él es más difícil de entender que un periódico en chino y nunca comparte sus sentimientos más profundos. No es sólo que guarde secretos, ¡él se emociona con ellos! Le gusta saber algo que usted no sabe. Algunos tienen amigos separados que no saben que los otros existen. Otros tienen un pasado misterioso que nadie conoce.

Él mantiene el control cubriendo sus emociones, así que lleva mucha carga emocional. Podría oírlo mencionar casualmente algo que le sucedió en su infancia y darse cuenta de que el dolor es tan real como cuando ocurrió.

Un niño Escorpión fue herido emocionalmente y se enojó repetidas veces cuando su padre le prometía cada verano construirle una casa en un árbol, pero nunca lo hizo. No era sólo el hecho de no haberle construido la casa, fue el perder la confianza en su padre. Él perpetuó ese dolor hasta su edad adulta y lo mantuvo en contra de su padre. Treinta años después, finalmente lo confrontó.

Las fuertes opiniones, así como sus gustos y aversiones apasionados —combinados con el ego masculino— pueden ser una mezcla medrosa. Si es una mujer amante de la paz, va a ser difícil porque las explosiones de ira son muy comunes en él. Se preguntará por qué se trastorna tanto por pequeñeces. Él trata de ser el policía del mundo y quiere que todos vean el error en la manera como actúan y ojalá paguen por ello. No puede simplemente dejar que las cosas pasen, especialmente si tienen que ver con su dignidad, y así, ¿puede comprender que ame y odie con tanta pasión? Un hombre Escorpión ama a muy pocas, tal vez tiene sólo un amor verdadero en la vida.

Este signo tiene la peor reputación y es el menos entendido del zodiaco. Una razón es que se niegan a seguir los juegos de la sociedad. A un hombre Escorpión no le importa si la gente lo quiere, así que no conversa ni es amable sólo para congeniar. Si alguien hace una broma y no cree que sea divertida, simplemente se queda ahí con el rostro serio y una mirada fija que dice "que tonto eres".

Si es herido por un comentario inocente, puede esperar por años para desquitarse. Veamos el siguiente caso. Marisa le reclamó a Scott, su primo nativo de Escorpión, por llamar demasiado tarde una noche y le dijo, "no me llames después de las diez". Una noche, cuatro años después, la madre de Scott, tía de Marisa, murió. Marisa no supo lo de su tía hasta el día siguiente.

"¿Por qué no me llamaste?", le preguntó a Scott.

"Me dijiste que no te llamara después de las diez".

Ése es el aguijón del Escorpión.

Es imposible ignorar a un hombre Escorpión. Su magnetismo animal neto atrae muchas mujeres incautas, pero aunque él es complicado, vale la pena intentarlo, siempre que sepa unas cosas de antemano.

Para empezar, él es intensamente leal. Una vez que es su amigo, lo tendrá para toda la vida. Eso no quiere decir que no tendrá sus andanzas, pero para él la verdadera lealtad es mucho más importante que la sola fidelidad física. ¿Se da cuenta? Él es complicado. Y sí, adora el sexo, pero eso es porque es un hombre, no un Escorpión. Si el sexo significa más para él, es porque lo toma seriamente. Significa ser vulnerable y dejar que alguien sepa algo de él que pueda usar en su contra algún día. Los hombres Escorpión pueden vivir sin el sexo, pero nunca pueden hacerlo sin el sentimiento de vitalidad conectado con alguien o alguna cosa.

Vive de acuerdo a su código de honor, y éste incluye no dejar que alguien lo derrote. Si esto significa herirse para defender un principio o desquitarse, pagará el precio. ¿Quiénes son esos fanáticos que van a prisión en lugar de pagar sus impuestos? Nativos de Escorpión, puede apostarlo.

Un hombre Escorpión que no quedó satisfecho con el trabajo de un mecánico que cobró más de la cuenta, se paró frente al lugar durante tres días sosteniendo un letrero y entregando volantes donde denunciaba sus malas prácticas. Otro Escorpión, empleado en la oficina de una empresa de mantenimiento de césped, se enfadó con un cliente airado que lo acusó personalmente por un servicio deficiente. Una noche visitó el patio del cliente y dejó un obsequio —la semilla de una hierba nociva que se disemina y no puede ser erradicada sin arrancar todo el césped—.

Otro hombre Escorpión guarda rencor contra el idioma inglés. Cuando descubrió todas las excepciones a las reglas y que hay palabras con sonidos similares pero con significados diferentes, dijo: "¡bueno, eso es simplemente estúpido!", y después se negó a aprenderlo.

Sin importar qué tanto se hunda, nunca podrá declararlo vencido. Al igual que Rocky o Clinton, él siempre puede volver al ruedo y triunfar. Puede crear una nueva vida, adoptar valores u objetivos totalmente distintos o recuperarse de una enfermedad letal, como ocurrió con Lance Armstrong, quien tiene un ascendente Escorpión. Ése es el verdadero poder de este signo.

¿Qué hay de su famosa reputación de ser celoso? Una vez alguien dijo que tener un amante Escorpión la hace sentir como una bola de bolos. Un hombre Escorpión puede aprender a confiar en usted —pero le puede tomar . . . cinco o diez años—. No se sorprenda cuando averigüe que la ha estado siguiendo para ver si estaba donde dijo que estaría. Los hombres nativos de este signo en el fondo son investigadores privados y espiar es uno de sus pasatiempos favoritos.

Nunca use los celos para despertar su interés, y no hable de sus anteriores relaciones —tarde o temprano será usado en su contra—. Incluso si él dice que no hay problema al respecto, ¡no le crea! Si es contrariado, se desquitará, sin importar cuánto tiempo tome, así que debe proceder con cautela.

Los nobles nativos de Escorpión, o del tipo superior, son llamados águilas y pueden hacer una contribución real a la sociedad. Los espantosos son las serpientes, y no querrá complicarse la vida con uno de ellos. Han sido afectados fuertemente durante la infancia y nunca se recuperaron. Si son traicionados o su pareja quiere marcharse, pueden odiar tan apasionadamente como amaron. Una serpiente encontrará la forma de desquitarse averiando su auto, agotando tarjetas de crédito a su nombre, o poniendo sus fotos privadas en la Internet. En el peor caso, puede incluso ser violento. A veces la única satisfacción es saber que sus acciones con el tiempo se devolverán contra él.

Su fuerza de voluntad es inmensa. Trae una pasión a todo en su vida y puede llegar a trabajar hasta el punto del agotamiento. Una cosa es segura si se involucra con un hombre Escorpión: nunca lo olvidará.

¿Cómo vivir con un hombre Escorpión?

Qué hacer:

1. Reconozca que él es lo que es y no cambiará para satisfacerla.
2. Prométase a sí misma que nunca será infiel o ni siquiera le dirá una mentira.
3. Recuerde que una serpiente puede convertirse en un águila, pero sólo porque él mismo ha decidido hacerlo.

Qué no hacer:

1. No le cuente a sus amigos un ápice de los asuntos personales de él. Si averigua que violó su intimidad, nunca la perdonará ni volverá a confiar en usted.
2. No se entrometa en sus sentimientos, su pasado, su vida. No se enterará de nada y él sólo se volverá más reservado.
3. No espere oír "lo siento" muy a menudo. La humildad no está en su repertorio.

El hombre Sagitario

Noviembre 22—Diciembre 21

Si al principio no tiene éxito, el paracaidismo no es lo suyo.

¿Por qué divaga un hombre Sagitario? Porque puede. Las mujeres son naturalmente atraídas por su personalidad divertida y extrovertida, por eso a menudo se encuentra enfrentando la tentación. No es un alivio saber que Donald Trump tiene un signo lunar Sagitario. Aquellos egocéntricos no pueden comprometerse con una sola mujer. Necesitan una multitud para divertirse y les gusta ser el centro de la atención.

Pero no crea que todo hombre Sagitario será infiel —afirmaciones generales como esa son absurdas—. ¿Leyó el prólogo al inicio de la primera parte? Si no lo hizo, aquí está lo esencial. La mayoría de las personas son una combinación de cinco a ocho signos, así que no hay un cien por ciento de algo. Un Sagitario con signo lunar Cáncer es un ser muy diferente a uno con un signo lunar Aries, así que tómelo como guía pero no se ponga paranoico. Ahora veamos cómo es un hombre Sagitario ciento por ciento.

Es famoso por aburrirse fácilmente —y quiere estar constantemente aprendiendo—. Le gusta conocer personas porque son interesantes y le enseñan cosas. Puede escalar a nivel social y le gusta tener amigos importantes y prestigiosos. En realidad tiene amigos que vienen y se van porque descarta nombres de su lista tan rápidamente como adiciona nuevos.

Los deportes y la libertad son sus prioridades. Muchos de ellos estarían participando en deportes o viéndolos, en lugar de tener una relación cercana con una mujer. Es fácil ver por qué al hombre Sagitario se le dificulta instalarse en un lugar o ser el tipo responsable y formal que la mayoría de las mujeres buscan.

Él tiene un rasgo que hace menos probable que se pierda, y por eso no caerá por otra mujer con tal intensidad ni estará dispuesto a desordenar su vida sólo por tenerla. Aries y Leo pueden hacerlo, pero Sagitario no está cargado con las emociones o impulsividad que lo haría enamorarse profundamente y para siempre. Esto pueden ser buenas o malas noticias, ¡dependiendo de si la mujer es usted!

De todos modos, Sagitario es llamado el soltero del zodiaco por todas las razones anteriores. Algunas mujeres están convencidas de que el único amor verdadero que tiene un Sagitario es su perro. Si está involucrada con un arquero, no es bueno convertirse en la amante celosa o sospechosa. Llorar y quejarse es contraproducente, así que trate de cambiar su respuesta: haga planes con sus amigos, siga sus propios sueños y disfrute la vida como él lo hace. Si es lo suficientemente afortunada para conseguir un Sagitario dispuesto a comprometerse, no piense ni por un momento que lo ha sometido: él nunca se adaptará a estar atado a su agenda.

Hay muchas razones por las que un hombre Sagitario es irresistible, especialmente si desea emoción y aventura. A él le gusta viajar y ver nuevos lugares —es una forma de obtener conocimiento, así que tenga a la mano su maleta de viaje y trate de conectarse con cualquier nuevo interés que él proponga—. Él se ríe por nada, es generoso en exceso y casi siempre está de buen humor —la fiesta no empieza hasta que él llega—.

Siempre es el optimista, y tiene cinco razones por las que su equipo va a ganar o su nuevo trabajo va a ser el mejor. Su entusiasmo es contagioso y hace difícil para una mujer mantener la mente despejada. No tendrá que animarlo porque rara vez está triste. Tiene la creencia infantil de que todo saldrá bien. Walt Disney fue el ejemplo perfecto de un Sagitario; combinó los animales con la comedia —dos cosas que ama un Sagitario—, y siempre hay un final feliz.

No espere que sea comprensivo cuando usted tenga problemas, porque no le gusta que lo depriman. Un simple "¡ánimo!" puede ser lo más cercano a la compasión que reciba, como lo ilustra la siguiente historia real:

Sucedió en el 2003 en un estado del Norte de los Estados Unidos, durante una de las peores tormentas de nieve en años. Los Nelson —no es su apellido verdadero— estaban esperando un bebé. En realidad, la Sra. Nelson estaba a punto de dar a luz, y cuando la tormenta aumentó su intensidad, también lo hicieron los dolores del parto. Llamaron al 911, pero para entonces su calle estaba bloqueada por la nieve y cerrada al tráfico. El grupo de rescate decidió que la única forma de llevarla a un hospital era en una moto-nieve. Sólo imaginen, mis queridas lectoras, cómo sería eso. Ya es lo suficientemente difícil acostarse en una *cama* durante el parto, ahora imagínense lo complicado que es rebotar en la parte trasera de una moto-nieve. Pero el Sr. Nelson no tuvo ningún problema, estuvo tranquilo. Esto fue lo que dijo en la televisión nacional:

"No estaba preocupado. Cuando oí que estaban trayendo las moto-nieves, me emocioné. ¡Me encanta la nieve!". ¿Buscando la sensibilidad en un Sagitario? Mejor busque la madurez en un niño de tres años.

Para darle al Sr. Nelson el beneficio de la duda, tal vez estaba muy preocupado de que su esposa fuese llevada al hospital en una moto-nieve, pero esto simplemente muestra cómo siempre ven el lado positivo.

Un Sagitario hace todo en grande. ¿Moderación? ¿Qué es eso? Cuando está comprándole un diamante, no hay problema, pero cuando invierte todo su dinero en la bolsa de valores "y lo pierde todo", es un desastre. Si él va a la tienda, lo mejor es que desocupe los aparadores, porque traerá a casa el tamaño gigante de todo. Al menos no discute por pequeñeces y no titubea cuando recibe la cuenta en un restaurante; a menudo paga por todos, ya sea que pueda o no hacerlo.

Sagitario es el signo del zodiaco más adicto a los deportes. Con él, no hay que elegir; *necesita* totalmente los deportes en su vida —ya sea en forma activa o como espectador— pero usualmente ambos. La mayoría de ellos disfrutan la vida al aire libre; esquiar, caminatas, escalar, deportes de invierno, etc. Si comparte sus intereses y puede participar, es maravilloso, porque con seguridad él no renunciará a ellos por usted.

Incluso si no es muy activo físicamente, lee sobre deportes o los ve en televisión. Cuando dice, "cariño, estás trabajando demasiado", realmente quiere decir, "¡no puedo oír el partido por el ruido de la aspiradora!". Si se queja o lo regaña por eso, él simplemente se irá a otra parte. Sin embargo, él no es sólo un gran trozo de humanidad feliz viendo deportes. En su mejor versión, es un idealista que cree en las leyes de la tierra y quiere hacer lo correcto. Tiene una moral elevada y ama la educación formal o la que sigue por su cuenta. En su peor versión, es un vagabundo irresponsable que quiere todo y lo quiere ahora.

Si está buscando un hombre confiable, que haga el esfuerzo y que siempre esté ahí para usted, busque en otra parte, pero no espere la magia que experimentará con un Sagitario. Él puede llevarla a un viaje frenético, pero, ¡eh!, la vida es corta, ¿no es cierto?

¿Cómo vivir con un hombre Sagitario?

Qué hacer:

1. Déjelo que haga los mandados mientras usted paga las cuentas —él es mucho más feliz cuando está en movimiento—.
2. Anímelo a tomar el trabajo que le permita un horario flexible.
3. Respete su derecho de sentarse con una cerveza y disfrutar de un juego en paz.

Qué no hacer:

1. No espere que cumpla todas sus grandes promesas.
2. No trate de hacer que cumpla un horario inflexible.
3. Nunca le pregunte, "cariño, ¿estos pantalones me hacen ver gorda?"

El hombre Capricornio

Deciembre 22—Enero 19

Café, chocolate, hombres Capricornio . . .
algunas cosas son entre más ricas, mejores.

Si alguien responsable y trabajador es su hombre ideal, no necesita ir más allá de un Capricornio. Si él no tiene dinero ahora, hay una buena probabilidad de que lo tenga en el futuro. A este signo le toma tiempo para acomodarse a su ritmo, por eso cuando es joven, podría no ser tan estable y trabajador como lo será posteriormente. Puede haber tenido responsabilidades a temprana edad, y durante sus primeros años de adulto podría intentar diferentes estilos de vida. Pero, finalmente se establecerá y será conocido como trabajador, incluso ambicioso, y no tendrá mucho respeto por las personas que no lo son.

Debido a que busca la seguridad y el progreso, ¿cómo podría no ser cuidadoso con el dinero? Es responsable con sus acreedores y no gasta más de lo que debería —y a medida que envejece, más interesado se vuelve en ahorrar e invertir para el futuro—. No es tacaño en el sentido usual de la palabra porque valora la calidad. Quiere verla en trajes costosos y elegantes, pero se siente mal cuando usted gasta dinero para adquirirlos —algo contradictorio—. Los peores tipos son bien tacaños.

Él puede disciplinarse para lograr su objetivo y, como su pareja, esperará que usted haga todo lo que pueda para ayudar. Puede ser a través de su propio trabajo o ayudándolo en la empresa familiar, pero una esposa-ama de casa es igualmente valiosa. Él ve las fiestas como oportunidades para hacer contactos y darse a conocer, por eso ser una buena anfitriona es una ventaja.

Dicen que entre más un hombre se involucre en su profesión y más responsabilidad tenga, más difícil será vivir con él, así que naturalmente no va a ser sólo diversión y juegos. Algunos hombres Capricornio no tienen tiempo para cosas como divertirse o tomar unas vacaciones. Si el suyo es así, no dependa sólo de él para tener compañía.

A menudo prefieren mujeres mayores que sean más serias. Incluso en su juventud, aprecian la edad, buscan figuras de autoridad y disfrutan amigos mayores. Cuando hacen parte de la generación mayor, dicen cosas como, "¿qué pasa con la juventud estos días?", "cosecharán lo que siembran" y cosas como esas. La vida es algo serio para un Capricornio.

Él valora la vida familiar y ama a sus hijos, pero sabe cómo fijar límites. Le gusta la idea de que ellos lleven un registro de actividades para que su madre marque el visto bueno de cada oficio terminado. Los niños crecerán ya sea para respetar la autoridad o rebelarse contra ella, dependiendo de sus personalidades y cuán inflexible él haya sido. También espera que su esposa observe todos sus "debería" y "no debería". Le gustaría que ella también llevara un registro de actividades, pero incluso él sabe que sería ir demasiado lejos.

Es imposible negociar con aquellos más inflexibles. Son los que dicen, "esto es lo que quiero que haga" o "así es como debe ser". Algunas mujeres les gusta escuchar: "no te preocupes, me encargaré de eso". Pero si ellas no entienden sus finanzas, inversiones y planes de retiro, tendrán problemas si algún día tienen que hacerlo por sí mismas.

Un Capricornio está seguro de que su enfoque es el único verdadero y no reconoce que las personas pueden tener diferentes opiniones y aun así tener la razón. Él tiene ideas claras y cuando los deseos o estilos de vida de otras personas difieren de los "correctos", le cuesta trabajo aceptarlo. Algunos incluso han rechazado al hijo que se niega a seguir sus reglas o interfiere con sus valores morales o principios.

Cuando llega a la mediana edad, el Capricornio nota que se ha perdido de mucha alegría en la vida. Aunque desea seguridad, también anhela realización emocional. Tal vez ha dejado su huella en el mundo o quizás ha renunciado a algunas de sus metas más elevadas, pero él reconoce que su esposa e hijos son tan importantes como el trabajo y decide pasar más tiempo con ellos. También podría atravesar por una "crisis de la mediana edad", y actuar totalmente lo contrario a un hombre de mentalidad monógama —como lo es él—. Podría hacer nuevos amigos, comprar un ropero más vivaz y encontrar una mujer más joven. El más osado podría incluso hacerse una liposucción o hacerse algo de cirugía plástica alrededor de sus ojos.

Pero incluso cuando está haciendo lo descabellado, mantiene los ojos puestos en la realidad. Puede tener pasión y le gusta la idea del romance, pero no sacrificará todo lo que ha logrado con arduo trabajo sólo por amor. Incluso si su esposa lo divorcia, es demasiado astuto para perder económicamente. Sin importar el camino que tome —el hombre de familia dedicado o buscador de esposa–trofeo— parece ser más joven a medida que envejece: Cary Grant y George Burns eran ambos de Capricornio.

Un Capricornio tiene por lo general buena salud. Tiene mucha fuerza y resistencia porque está hecho para durar, aunque la artritis puede afectarlo en algún momento. Su lección simbólica es aprender a flexionar —de aquí las articulaciones rígidas—. A diferencia de muchos signos, acude al doctor cuando está interesado por su salud porque es valiente para enfrentar problemas, pero no le gusta que nadie lo inquiete por pequeñeces.

Si usted es la clase de persona que quiere y necesita apoyo, un Capricornio será protector y una gran fuente de sabiduría. Pero si desea ser independiente y tomar decisiones por sí misma, puede reñir con él porque no cederá y no es dominado fácilmente.

¿Cómo vivir con un hombre Capricornio?

Qué hacer:

1. Reciba sus consejos en la mayoría de las cosas. A pesar de lo frustrante que es, usualmente tiene la razón.

2. Si lo quiere tener a su lado mucho tiempo, anímelo a tener una oficina en casa.

3. Aprecie su dedicación a la familia, incluso si sus suegros la molestan en ocasiones.

Qué no hacer:

1. No agote las tarjetas de crédito; él odia tener deudas. Agradezca que quizás nunca tenga que declararse en quiebra.

2. No pierda su respeto haciendo elecciones tontas que arruinan las cosas.

3. No obstaculice la disciplina que él tiene con los niños; se beneficiarán de ella.

El hombre Acuario

Enero 20—Febrero 18

Se busca: relación significativa de una sola noche.

Si quiere alguien que toque música con un ritmo diferente, un Acuario es adecuado para usted; en realidad, ¡toda su banda es extraña! Lo encontrará dondequiera que estén sus amigos, porque todos son como parte de un paquete. No subestime la importancia de ellos para él; podrían ser su mayor competencia. Si usted es de las que valora la privacidad, tener esos amigos a su alrededor con frecuencia podría tornarse aburrido, o tal vez irritante. Además, si no se lleva bien con ellos, la fiesta acaba antes de empezar.

Él valora la amistad más que el amor, porque es menos complicada. No entienden por qué las mujeres necesitan oír "te amo" tan a menudo —es demasiado impersonal para eso—. Le atraen las mujeres intelectualmente estimulantes, no las que necesitan apoyo y consuelo emocional. Valora su libertad, y si ése también es su caso, no espere que esté ahí cada minuto. Para la mujer independiente que ya tiene una vida ocupada, él es como un respiro de aire fresco.

Él es muy curioso, especialmente de lo extraño o inusual. Si quiere a alguien que escuche sus teorías sobre los cultivos en círculos, los ovnis, o la astrología, es probable que él lo haga.

El Acuario supera incluso a un Géminis en la forma en que se mantiene al día con los aparatos electrónicos recientes y la más alta tecnología. Sabe cómo transferir música de iTunes o algún espectáculo de la NBC. La Internet es su vida, porque lo pone en contacto con todo el mundo de ideas y personas.

Algunos son algo conservadores, y otros son un poco extraños, pero siempre hay algo diferente en ellos. Usted puede notar al hombre Acuario en una fiesta; es el único vistiendo un traje y botas de vaquero. Es un pensador independiente que no está de acuerdo con algo sólo por caer bien —en realidad, prefiere sobresalir en la multitud—. Aquí está una pequeña prueba para determinar si tiene un verdadero Acuario en sus manos. Sólo dígale que es un poco extraño. Si él sonríe como si estuviera satisfecho, es uno de ellos, y usted acaba de darle un cumplido.

Si su trabajo es trivial, tiene una forma inusual de llevarlo a cabo, o brinda algo nuevo al lugar donde trabaja. O, tiene un hobby único. Se involucra en muchas asociaciones porque quiere dejar una huella en este mundo de algún modo —o tal vez sólo busca personas con intereses similares—, pero su horario siempre está apretado.

Quizás tenga que aceptar el hecho de que un Acuario es difícil de domesticar; en realidad, muchos de ellos no están interesados en el matrimonio. Si él decide casarse, es del tipo que le propone matrimonio en el tablero del marcador en un partido de béisbol. Quiere casarse en la cumbre de una montaña o en un barco. La mujer que se relacione con él tendrá que lidiar con lo inesperado. Tal vez desee construir una cabaña en Montana y, cuando se canse de eso, querrá mudarse a Las Vegas. Luego imagina cómo sería ser el encargado de un faro, así que va a Maine para averiguarlo. Le gusta visitar nuevos lugares para aprender acerca de ellos. Su ocupación preferida incluye viajar. Si es confinado a una rutina aburrida en un solo lugar, finalmente se rebela y tiene que salir.

Puede amarla profundamente, pero no lo demostrará muy a menudo —no ve razón para la adulación y los cumplidos—. Usualmente dice la verdad porque no sabe cómo adornarla. Algunos son fríos y muy insensibles, pero la mayoría son sinceros y leales, así que si promete fidelidad, probablemente será fiel —no siempre, pero sí a menudo—. Si el romance es su *prioridad*, omita a Acuario e inténtelo con Leo, Piscis o Libra. Sin embargo, un Acuario es un amigo para apreciar. Le dará buenos consejos y escuchará sus problemas. Puede discutir cosas con él y disfrutar de su compañía.

El viejo dicho respecto a Acuario es que ama la humanidad pero no le gustan las personas. Defiende un ideal o un principio, pero no tiene idea en lo que se refiere a los sentimientos de la gente. Es el experto escribiendo un libro sobre relaciones personales que suele ir a la librería a recoger la publicación que ordenó. Si su pedido no está listo, sale enojado, sin importarle que acaba de insultar a la mujer del mostrador.

Puede disertar el asunto de la igualdad, pero espera que su esposa haga todos los oficios de la casa —o habla de los valores y la importancia de la unión familiar, pero no aparece en el juego de fútbol de su hija—.

Es divertido y es el alma de la fiesta, pero su humor puede tener un matiz sarcástico. Usted podría apenarse por algunas de las cosas que él dice, como el hombre que se refirió a la enorme familia de una pareja como una manada. Le gusta conocer personas, pero disfruta burlarse de ellas después —simplemente le gusta hablar, reírse y expresar sus opiniones, que, a propósito, no cambiará para complacer a alguien—. *Cambiará* de parecer, pero entonces tendrá una nueva opinión igual de firme... hasta que la cambia una vez más. Pero no confunda su verdadera opinión con la forma en que cambia de lado sólo para discutir. ¿Entendió lo anterior? Bueno, tampoco nadie lo ha entendido. Las personas no lo comprenden, ¡y a él le gusta que sea así!

Acuario es el signo del genio. La tradición astrológica indica que hay más hombres Acuario con premios Nobel *y* en instituciones mentales que cualquier otro signo. Ha sido llamado "mitad Albert Schweitzer y mitad Mickey Mouse". Puede ser un tipo loco y excéntrico, ¡pero es original!

¿Cómo vivir con un hombre Acuario?

Qué hacer:

1. Tenga en cuenta que cuando él dice que quiere un cambio, no van a ser las cortinas de la sala.
2. Tenga presente que él necesita un refugio seguro a dónde regresar.
3. Comprenda que para él es más fácil decir sus opiniones a muchos que decir "te amo" a una sola persona.

Qué no hacer:

1. No espere que adorne la verdad para no herir sus sentimientos.
2. No trate de ganar un debate con él.
3. No espere que mañana sea el mismo de hoy, o que quiera lo mismo.

El hombre Piscis

Febrero 19–Marzo 20

¿Cómo puedo extrañarte... si no te vas?

No es fácil definir a un hombre Piscis. Como el océano, él tiene profundidades misteriosas donde viven cosas extrañas. Piscis es el decimosegundo y último signo del zodiaco, y su personalidad contiene parte de cada uno de los once signos anteriores —no es extraño que sea tan complicado como el código de la oficina de impuestos—.

Es un romántico como Leo, pero sin el ego. Es un payaso como Sagitario, pero su apariencia incluye una lágrima triste en su mejilla.

Quiere salvar al mundo como Acuario, pero en un nivel más personal. Es sensible como Cáncer, pero más abierto, y retiene el dolor como Escorpión, pero no intenta desquitarse.

Al igual que Capricornio, puede esperar un futuro más prometedor, pero carece de la ambición de la cabra. Es un camaleón como Géminis y se adapta como Virgo, pero es mucho más complicado que cualquiera de ellos.

Es amable como Tauro, pero no tan práctico, y es simpático como Libra, pero no tan sociable. ¿Quién *es* este tipo? La realidad es que no hay un Piscis verdadero. Es todas estas personas, pero también unas pocas; una virtual combinación de miles. Usted puede nadar con un pez pero nunca atraparlo, mucho menos entenderlo. Si usted pertenece a un signo práctico como Tauro, Virgo o Capricornio, la ambivalencia de él la volverá loca. Si es una pensadora lógica como Géminis o Libra, se sentirá frustrada por sus misteriosos procesos de pensamiento. Él puede apaciguar el entusiasmo de Leo y Aries como un balde de agua fría lanzado sobre un entrenador ganador.

Un hombre Piscis parece ser el que usted ha estado esperando, sin importar qué tipo de hombre sea. Él es un actor natural y sabe cómo conquistar su corazón. Le compra una rosa y la lleva a un lugar pequeño y romántico donde la mira a los ojos y escucha lo que hay en su corazón. Tiene un gran conocimiento, sin mencionar sus ojos hermosos. Es divertido y la hace reír constantemente, y cuando se está haciendo el payaso, lo confunde con un tipo despreocupado y alegre. Está equivocada; nada es así de simple con un hombre Piscis. Tiene tanto en su interior, que nunca lo comprenderá... ni él mismo lo hará.

Es un pensador profundo, un amante sensible y, en su mejor versión, un alma espiritual. Pero busca una mujer fuerte que lo ayude a decidir qué hacer a continuación. Necesita mucho apoyo emocional —e incluso económico— mientras se consolida. Tiene destellos de talento, pero carece de confianza y persistencia. Le es difícil fijar una dirección porque, al igual que el pez, no ve lo que hay adelante y se confunde —también se aburre con más facilidad que cualquier otro signo—.

No busca ser el centro de atención y a menudo se encuentra trabajando entre bastidores en algún contexto. También es bueno en las profesiones que brindan ayuda: comprende el dolor de la gente porque él lleva mucho consigo mismo.

Hay algo en Piscis que parece atraer la desgracia. A menudo ha tenido que superar adversidades y, al hacerlo, ha desarrollado recursos interiores.

Aquellos que han sido afectados emocionalmente o traicionados, pueden ser insidiosos. Muchas mujeres han sido heridas profundamente por un hombre Piscis porque no notaron que estaban participando en el drama autocreado de su vida. Usted podría conocerlo en un bar buscando comprensión y compasión —la víctima de una esposa que "no me entiende"—.

El hombre Piscis

Una relación amorosa ilícita es llamativa para él debido al secreto y romance, y porque necesita un escape de la vida cotidiana. Si usted lo descubre, él dirá que no significó nada, y eso quizás es cierto —pero no es menos hiriente—.

Si un Piscis sensible es brutalizado, puede inclinarse a la crueldad. Éstos son los tipos de peces más peligrosos. Ojalá usted nunca tropiece con uno de ellos.

Incluso los considerados normales pueden usar drogas y alcohol como mecanismo de escape. Algunos finalmente se inclinan hacia la espiritualidad, pero todos anhelan encontrar un mejor lugar cuando la vida se torna demasiado dura. La parte negativa de Piscis en lo que se refiere a las adicciones, es que tienden a hacer todo en exceso. Al igual que peces tropicales con la comida, simplemente no saben cómo fijar límites.

Si necesita a alguien que la respalde, llame a un Piscis —él tiene un profundo sentimiento por alguien en condiciones desfavorables—. Da su dinero y tiempo y se esfuerza en hacer favores por cualquiera, sin pensarlo dos veces. A menudo, la misma persona que se ha beneficiado de su ayuda —no usted, por supuesto—, se torna en contra de él o lo ofende. Luego, cuando le ha dado su último dólar a un necesitado más desagradecido, dice: "bueno; quizás lo necesitaba más que yo". Si su jefe lo critica o degrada, o su mejor amigo lo defrauda, lo toma filosóficamente, casi como si esperara que le mintieran o se aprovecharan de él. Hay un toque de mártir en este hombre, pero tiene que admirar su generosidad.

Sólo porque no se levanta y lucha, no piense ni por un momento que puede ser dominado, porque él tiene su propia manera de conseguir lo que quiere. Si trata de someterlo, tal vez descubrirá que simplemente se ha ido —sin dejar una nota, ni una llamada telefónica, simplemente se ha ido, como un pez nadando silenciosamente hacia las profundidades—.

¿Cómo vivir con un hombre Piscis?

Qué hacer:

1. Esté alerta a señales de alcoholismo o dependencia de drogas —sus escapes preferidos—.
2. Acepte los muchos aspectos de Piscis y recuerde . . . él no será el mismo mañana.
3. Trate de captar algo de su visión y crea en sus sueños.

Qué no hacer:

1. No lo presione por una explicación lógica; él sabe que lo sabe.
2. No trate de arreglar todo por él; déjelo resolver sus propios problemas.
3. No espere que acepte el trabajo mejor pagado —tiene otras consideraciones que son igual de importantes para él—.

☆ ☆ ☆ ☆ ☆ ☆ ☆ ☆ ☆ ☆ ☆ ☆ ☆ ☆ ☆ ☆

Segunda Parte:
todo acerca de usted

Su naturaleza básica, lo que necesita en una relación personal y cómo interactúa su signo zodiacal con los otros signos

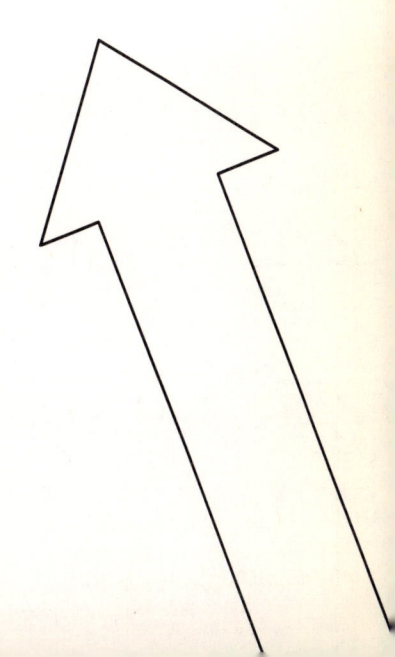

☆ ☆ ☆ ☆ ☆ ☆ ☆ ☆ ☆ ☆ ☆ ☆ ☆ ☆ ☆ ☆

Prólogo

¿Qué se necesita en una relación personal?

Puede aprender mucho de sí misma entendiendo su naturaleza básica mostrada por su signo solar —ayuda a centrar su atención en lo que necesita en una relación, lo que la hace feliz y lo que no soporta—. Todos somos diferentes —tal vez ni siquiera note algo que *me* enloquecería y viceversa—.

Lea los siguientes párrafos sobre su signo solar. Si conoce su signo lunar o ascendente, léalos también, para más información.

¿Y si averigua que su relación no tiene esperanza? No hay que preocuparse. Incluso combinaciones improbables pueden funcionar cuando cada persona pasa por alto las diferencias y los rasgos estrafalarios de la otra y está motivada a seguir adelante con la relación pese a ellos.

Cada pareja es única, y sin importar que tan bien se lleven, la relación enfrentará momentos difíciles. Es interesante observar que la mayoría de las relaciones son entre signos zodiacales con menos características en común. ¿Por qué? Tal vez porque las personas se atraen entre sí por un propósito. En astrología, las relaciones tienen que ver más con Saturno, el maestro, que con Venus, el planeta del amor. Si esperamos que el valor más grande que obtenemos de una relación sea el conocimiento de sí mismo, no nos decepcionaremos al encontrar que no todo es diversión y romance.

El destino final de cualquier relación está en las manos de las partes involucradas, y con suerte, conocimiento, amor y compromiso, todas las combinaciones son posibles.

La mujer Aries
Marzo 21–Abril 19

Una bebé Aries tuvo juicio propio desde el momento que asomó por primera vez su cabeza desde su cobija rosada. Sabía lo que quería y se lo hacía saber a sus padres —llorando fuertemente y con frecuencia—.

Cuando empezaba a caminar, siempre fue resuelta. Incluso después de los terribles dos años de edad, continuó insistiendo en hacer su voluntad, y su naturaleza alegre regresaba tan pronto como lo conseguía.

Siendo una niña, esperaba ser la primera y la mejor en todos los juegos. Creaba las reglas y les decía a los otros niños qué hacer. Actuando como un niño, montaba su bicicleta, trepaba árboles y, en lugar de las niñas, jugaba con los niños. Si ellos no la aceptaban, les decía que se callaran.

En la secundaria, se jactaba de que podía conseguir el muchacho que quería, y a veces tomaba la iniciativa sólo para probarlo. Llamaba por teléfono a los muchachos antes de que la sociedad aceptara que fuese correcto.

Consiguió su primer trabajo siendo una adolescente y partió de casa muy joven para iniciar su nueva vida. Estaba feliz porque finalmente tomaría sus propias decisiones y, desde entonces, nadie le ha dicho qué hacer.

Ella es extrovertida y simpática con todo el mundo, pero no vacila en decirle a un compañero de trabajo, a un vendedor mal educado o acosador, que la dejen tranquila. Si ella tiene un título, sería "la menos probable en recibir mal trato". Es independiente, franca y divertida —no hace a todos felices y no le importa—.

La mayoría de las niñas son educadas para ser amables, pero cuando ella expresa su opinión, las personas quedan desconcertadas. Su confianza en sí misma estimula a otras mujeres o las ofende —usualmente lo segundo— así que no es cercana a muchas de ellas. En realidad, todavía le gusta pasar su tiempo con los hombres.

Ella cree que las personas pueden salir adelante sin ayuda, y tiene poca tolerancia por aquellas débiles que no pueden o no lo hacen. Cuando pierde sus inhibiciones, su ira reprimida y su mal genio aparecen y todos corren para protegerse.

Ella luchó para establecerse en su profesión, para mantener su identidad después del matrimonio, y para recuperar su confianza después del divorcio. Utilizó su profesión como un desahogo cuando tenía problemas con los hombres, por eso era una trabajadora incansable.

Ha tenido muchas relaciones —algunas de corta duración, y al menos un matrimonio—. Iniciaba cada una con estrellas en los ojos, creyendo que finalmente había encontrado "el indicado". Daba lo mejor de sí misma, pero cuando las cosas no funcionaban y las discusiones por dinero, los suegros, y todo lo demás, eran interminables, aceptaba la situación y tomaba otro camino. "La vida es demasiado corta para estar triste", dice ella.

Sólo hasta llegar a sus treintas comprendió lo que realmente quería en la vida —y en un marido—. Si estaba casada, tenían una asociación: ambos tenían profesiones y compartían el trabajo en casa.

Como mujer madura, sabe que ha cometido errores, especialmente con los hombres. Es consciente de cómo usa su ira para controlar o castigar. Todavía cree que sabe más, pero ahora que reconoce que puede ser brusca e impaciente, está aprendiendo a escuchar y ser más considerada con los sentimientos de las personas.

Si está sola, no hay problema. Ha ganado algunas batallas y perdido otras, pero sabe que puede cuidarse. Todavía tiene su temperamento explosivo como siempre, todavía necesita un reto, y, a pesar de todo lo que le ha sucedido, no obstante es optimista. Espera encontrar el hombre indicado, ese tipo especial que la deje ser ella misma.

La mujer Aries enamorada...

De otro Aries:

Cuando dos carneros se unen, cuidado; ¡algo puede explotar en cualquier momento! A ambos les gusta expresar sus opiniones y tener conversaciones intensas, cada uno interrumpiendo al otro para regresar el tema a sí mismo.

Cuando la pasión se ha calmado, cada uno hace el inquietante descubrimiento de que el otro cree que tiene el control. Pero recuerde, la imagen de dos carneros con sus cuernos trabados en combate mortal muestra a dos machos. Es algo totalmente diferente cuando uno de ellos es hembra.

No está mostrándose incapaz para hacer que él llene el tanque de gasolina del auto, bañe el perro o resuelva un problema con el arrendatario. Es totalmente capaz de hacer estas cosas por sí misma, pero le gusta que un hombre siga sus órdenes; es su forma de probar si él la ama.

Ninguno quiere ceder, por eso es sorprendente lo felices que pueden ser estas dos personas a pesar de sus luchas por el poder. Un hombre Aries aprecia su independencia —no la necesita a su lado a todo momento—. Ella queda complacida al encontrar un hombre seguro de sí mismo que no se intimide por su fuerza, aunque todavía trata de controlarlo.

Encontrarán situaciones donde sus objetivos chocan. Si la competencia entre ellos se vuelve encarnizada, la única esperanza es que uno de ellos sea suficientemente prudente para arreglar las cosas. Usualmente sería ella, pero eso no significa que ceda, sólo usa una táctica diferente, dejándolo regocijarse en su victoria imaginaria.

Si están comprometidos, pueden encontrar una forma de hacer que funcione, pero requerirá esfuerzo sincero y mucha negociación. ¿Pero quién más es tan audaz, osado e interesante que otro Aries?

De un Tauro:

El hombre fuerte y callado le fascina a una mujer Aries. Un Tauro es reservado, casi tímido, con una confianza natural muy masculina. La atracción magnética es tan fuerte que ninguno reconocerá, durante mucho tiempo, que la relación está basada gran parte en el sexo.

Su naturaleza despreocupada es puesta a prueba si ella coquetea con otros hombres —es muy posesivo respecto a lo que considera suyo—. Es algo muy anticuado de su parte, pero él guarda y protege todo lo que le pertenece, incluso las personas. Ella es la feminista natural y se horroriza al ser considerada propiedad de alguien. No tiene mucha paciencia con cosas tan absurdas como esa; le molestan.

La forma en que viven es diferente. Él prefiere estar cómodo y tener alrededor sus cosas favoritas —una vez más, es un poco anticuado—. Ella es lo contrario. Siempre tiene algo en desarrollo —una reunión, un grupo, una cita, una clase—. Se aburre si él es fiel a ese tipo de hombre y es hogareño.

Ella emana encanto y feminidad, pero en el fondo es de un carácter fuerte. Disfruta la pequeña discusión ocasional o el episodio de riña repetitivo para desahogar sentimientos negativos; así elimina parte de su ira reprimida. Un hombre Tauro evita las discusiones; necesita paz y armonía. Vivir con una dinamo como ella es difícil para su sistema nervioso. Ella toma la delantera en esta relación, y depende de él si quiere seguirla.

De un Géminis:
Tal vez ella no es la mujer más fácil con quien llevarse —pero podría ser la mujer más excitante con la que un Géminis ha estado—. Ambos están ocupados, y ocupados, y ocupados todo el día. Les gusta estar alrededor de la gente y donde está la acción. Él disfruta la estimulación intelectual y ella disfruta la atención. Para ellos, una salida divertida consiste en ir a una fiesta, luego tomar un café, dirigirse a casa y hablar hasta las horas de la madrugada.

Si trabajan en un proyecto en común, se alaban sobre sus talentos y trabajan bien juntos, siempre que a él no le importe hacer cosas a la manera de ella, lo cual usualmente no hace. Las ideas del hombre Géminis despiertan la creatividad de ella, y juntos sugieren algo mejor que lo que harían individualmente. Ambos son vendedores naturales y, entre ellos, pueden monopolizar el mercado según sus intereses.

Ella siente pasión por sus creencias, y quiere tomar la iniciativa y poner las cosas en marcha. No entiende por qué él no toma más interés o siente con la misma intensidad que ella, pero para un Géminis, su interés usualmente no va más allá de pensar y hablar de una injusticia. Rara vez quiere ir al fondo del asunto y trabajar con dedicación, por eso a veces aparece como poco sincero o sin actitud humanitaria.

Son grandes amigos, incluso si no tienen la intensidad para una relación más seria. Si rompen la relación, ninguno es particularmente afectado por la culpa o los remordimientos; ambos toman la vida como viene y piensan que mañana será otro día. Ella está demasiado ocupada decidiendo a dónde va desde aquí, y él nunca ha sido del tipo que se preocupa por los errores.

De un Cáncer:

Si estos dos signos pudieron tener una relación a largo plazo, permanecieron juntos *a pesar* de sus personalidades, no fue *gracias* a ellos. O tal vez fue por los niños. De todos modos, un hombre Cáncer es demasiado sensible para una mujer Aries. Ella no cubre la verdad para no herir sus sentimientos, y *si* lo ofende, no es la mujer más comprensiva del zodiaco. No tiene el tiempo ni la tendencia a consentir a un hombre demasiado sensible que no sabe, o no dirá lo que pasa. Finalmente, el mal humor de su hombre se convierte en un dolor de cabeza para ella.

Una pareja con estos signos estuvo luchando para hacer que su matrimonio funcionara porque no entendían sus mutuas necesidades. Una vez, cuando él estaba enfermo, esperó que ella lo cuidara como solía hacerlo su mamá. En lugar de eso, ella lo trató como *quiere* ser tratada cuando está enferma . . . lo dejó solo. Naturalmente, él quedó completamente abrumado.

Cuando ella está en una activa campaña para deshacerse de cosas, dona ropa vieja u otros objetos de él a la tienda de artículos de segunda mano sin su permiso. Aunque ésta es la única forma en que se liberará de ellos, lo hace arriesgando la relación.

Si ella está en una fase donde se encuentra en contacto con su feminidad, cocina comidas deliciosas, limpia toda la casa y siembra flores en el patio; incluso disfruta atenderlo a él. Luego llega algo nuevo que parece divertido y desafiante y una vez más regresa a ordenar comida de un restaurante.

De un Leo:

Si estos dos no pueden mantener vivo el romance, ¡el resto de nosotros no tenemos esperanza! Son románticos que no sólo creen en el amor, sino que lo necesitan plenamente en sus vidas. Su relación amorosa lo tendrá todo —amor apasionado, así como riñas acaloradas y reuniones cariñosas—.

Él no se rinde ante una mujer fuerte; en realidad, respeta que ella necesite sentir que ha logrado algo. Él es de la misma forma. Son bastante distintos para mantener la relación activa, pero suficientemente similares para básicamente querer las mismas cosas de la vida.

Podrían entrar en confrontación debido a la competencia de sus egos, porque ambos creen que su forma de pensar y actuar es la correcta, y además necesitan que alguien los escuche y les dé atención. Esto podría destruir su relación, pero ella no lo permitirá. Es suficientemente lista para saber que tiene un hombre básicamente bueno que sólo necesita mucho aprecio y dedicación, así que ideará pequeñas formas de mostrarle cuán importante es para ella. Ejemplo: cuando va a la tienda podría preguntarle, "¿hay algo especial que quieres que te compre?" Incluso si no necesita nada, a él le encantará que le pregunte.

El amor de los dos cambiará y madurará con el tiempo y será menos arrollador, pero nunca se marchitará ni morirá por falta de entusiasmo. Podrían convertirse en la pareja que celebra muchos años juntos volviéndose a casar con todos los adornos.

Si él ve sus debilidades y de todos modos la ama, ella sólo puede aprender a amarse a sí misma.

De un Virgo:

En una forma desinhibida, ella se lanza a este romance, ignorando la voz suave que susurra, "tenga cautela". Si él apareciera con instrucciones, dirían, "no indicado para las emociones o vuelos de fantasía". Ella siempre fue demasiado impaciente para leer las instrucciones.

Él es totalmente cautivado por sus encantos, y las hormonas han nublado su usual buen juicio, así que en la etapa de conocerse ninguno nota las indicaciones que señalan una enorme diferencia en estilos de personalidad. El de ella es directo y no es estorbado por segundas suposiciones como en el caso de "ya decidí, no me confunda con los hechos". Él es todo lo contrario —analítico y racional—. Se siente mal con las ideas más innovadoras de ella, y a menudo piensa que no es razonable. Si trata de detenerla, su ira e irritación pueden envenenar la relación. De todas las mujeres que quiera corregir o criticar, una Aries es la peor elección. Ella no acepta las tonterías de nadie y, si alguien la molesta o se burla, ella se defiende de inmediato.

El dinero es un problema. Él cree que ella no es muy responsable y ella lo ve como un tacaño que preferiría ahorrar su dinero en lugar de gastar un poco para mejorar sus vidas. Es cierto, ella se excede con las tarjetas de crédito, pero lo compensa disminuyendo el gasto en otra parte.

Él es un trabajador obsesivo que se juzga a sí mismo respecto a qué tan bien hace su trabajo. Ella también puede ser así, pero no avanzará a través del esfuerzo abrumador —se asegurará de divertirse mientras trabaja—. Esta relación no durará mucho tiempo sin consejos de algún tipo, incluso si es autoayuda.

De un Libra:

Ella prefiere el acercamiento honesto —ahorra mucho tiempo—, pero un hombre Libra esconde su irritación o enojo, incluso de sí mismo, sólo para mantener a todos felices y el ambiente agradable. Esto enloquece a una mujer Aries; a ella le gusta pelear un poco de vez en cuando. No comprende las insinuaciones sutiles o tendencias ocultas misteriosas. . . o las personas que viven de esa forma. Pone sus cartas boca arriba en la mesa, mientras él juega las suyas cubriéndolas. ¿Quién gana? Por supuesto que él. Pero si ganar significa perderla, podría ser más honesto respecto a sus verdaderos sentimientos.

Éstas son dos personas seguras y emprendedoras que tienen diferentes formas de manejar un reto. Ella se lanza y asume que todo saldrá bien. Él piensa y repiensa todos los aspectos de la situación, hasta que ella se pregunta si algún día tomará una decisión. Él podría usar algo de su seguridad, mientras que ella podría ser más cautelosa, como él. Los dos podrían aprender mucho de cada uno si tuvieran esa tendencia, pero no pueden cambiar sus personalidades, ni siquiera por amor.

El optimismo y entusiasmo de Aries lo hace arriesgarse e ir por lo que quiere, y la sociabilidad de él es perfecta para una mujer que le guste salir. Pero esta unión requerirá auto conocimiento y comunicación —una situación incierta en el mejor de los casos, con un hombre Libra—. Si la relación funciona a pesar de sus naturalezas diferentes, él encontrará que cuando ella está segura y feliz, es una pareja leal en el sentido más estricto de la palabra.

De un Escorpión:
No es que una mujer Aries se preocupe por controlar como un hombre Escorpión; ella sólo quiere hacer las cosas a su manera. Él es imposible de dominar, especialmente por una mujer. Ella no aguantará artificios como sus arrebatos de celos, ni se preocupará por abordar sus asuntos sensibles. No tiene tiempo o inclinación para *mimar* a un hombre.

Ella sabe que la buena comunicación es esencial entre un hombre y una mujer, pero él no tiende a la franqueza. Se ofende cuando ella le dice exactamente lo que piensa, pero aún así lo mantiene adentro. Es una persona reservada y ni siquiera desea que alguien lo *conozca*, mucho menos que lo critique. Ella tiene que presionarlo más allá de sus límites antes de que se enfade lo suficiente para discutir. Él ganará a su modo, porque nunca deja que nadie lo derrote. Por ejemplo, nunca se niega a hacer algo que ella pide, simplemente no lo hace. Ambos pueden entrar en luchas de poder que no son agradables.

Si tienen diferentes responsabilidades y se dan a sí mismos mucho espacio, pueden lograr numerosas cosas. Cuando están unidos, pocos, o ninguno, podrán beneficiarse de ellos. Si las cosas no están funcionando, ella no esperará indefinidamente con la esperanza que mejoren. Cuando se separan, él actuará como si ella no existiera o le tendrá rencor para siempre.

De un Sagitario:
Estos dos creen que han encontrado su respectiva alma gemela cuando se conocen —se la llevan así de bien—. Al igual que él, ella busca lo que quiere y tiene la energía para alcanzarlo, sin reparar en las consecuencias.

Se alimentan mutuamente de ideas y sugieren aventuras que ninguno consideraría por sí solos. Serán los mejores amigos para siempre, a menos que se enamoren y lo lleven al siguiente nivel. Si eso sucede, él no es tan buena pareja para ella. A largo plazo, ella no necesita más emoción —necesita a alguien que la haga aterrizar y le ayude a tomar decisiones prácticas—. Y, a menos que él esté en la etapa de su vida en la que quiere establecerse, la relación tendrá problemas. Incluso una mujer Aries finalmente quiere estabilidad en su vida para salir adelante, construir seguridad y crear una familia.

Sin embargo, sus semejanzas pueden mantenerlos avanzando porque comprenden sus mutuas pasiones. Las de él se inclinan hacia la vida activa y los deportes, y las de ella se centran en su profesión. Se dan el espacio necesario para hacer sus propias cosas, siempre que exista la confianza.

Les encanta reír, son generosos con sus amigos y familias, y siempre están dispuestos a pasar un buen rato —las personas son atraídas por su ánimo y energía interminable—. No merman el ritmo, a menos que uno de ellos esté enfermo, lo cual no sucede a menudo, porque ambos tienen una increíble capacidad de recuperación.

Si ambos están listos para prometer lealtad mutua, ésta puede ser una relación exitosa y, si el entusiasmo equivale al éxito, estimula el amor.

De un Capricornio:
Aquí está el problema: si ella lo llama al trabajo y dice emocionada, "cariño, ¿adivina qué? ¡Acabo de ganar dos boletos para ir a Las Vegas este fin de semana!", él tendrá que determinar primero si quiere ir, segundo; la posibilidad de perder dinero en los casinos, y tercero; si puede ausentarse un tiempo del trabajo —a menudo trabaja los fines de semana—.

La ambición de Capricornio es asombrosa y su objetivo no es menor que la cima de la montaña. Ella también es una competidora difícil, pero puede ser desviada de su propósito por algo que parece más divertido o un reto más grande. Además, se siente solo estar en la cima, ¿no es así?

Una mujer Aries y un hombre Capricornio pueden formar una asociación dinámica —en los negocios—. Trabajando juntos con sus roles individuales bien definidos, combinan las acciones prácticas y deliberadas de él, con las creativas y espontáneas de ella. Pero si se casan, él tiene ciertas expectativas de lo que debería ser una esposa, y ella no cambiará para adaptarse a las expectativas de nadie.

Sus personalidades pueden chocar. Él está acostumbrado a tomar decisiones y hacer las cosas a su modo eficiente, pero ella no es el tipo de mujer que va a jugar el papel de "niña pequeña" para su "gran papá". Desde que estaba en sus veintes no ha actuado diferente de lo que es sólo para llevársela bien con los demás. De todos modos, siempre ha estado resentida por ser una mujer en una sociedad dominada por los hombres.

Él podría aprender a ser más espontáneo como ella, y ella podría aprender a ser más organizada como él. Y los cerdos podrían volar, si ellos fueran cuervos y no cerdos.

De un Acuario:
Ella es atraída poderosamente por este hombre interesante, y trata de tomar la delantera en el romance —como es usual— pero cuando se da cuenta, él no la está siguiendo. Ahí está Acuario, vagando por su propio camino —no el de ella—. Un hombre Acuario es impredecible, la misma cualidad que la atrajo pero, al mismo tiempo, le es difícil aceptarlo. Él teme tener una relación demasiado íntima que invada su independencia, pero ella tiene mucho amor para dar, ¿y cómo puede darlo cuando él mantiene su distancia?

Una mujer Aries no está acostumbrada a cambiar su comportamiento para ajustarse a alguien más, pero debe dejar de presionar por la relación ideal que soñó y debe dejarlo ser él mismo. Tomará tiempo adaptarse a su estilo "a veces sí" y "a veces no". Él no necesariamente quiere permanecer solo; simplemente necesita la libertad para hacer las cosas a su modo. Cuando ella se da cuenta de que hay muchos caminos que el amor puede tomar —y ninguno es el correcto—, se estará acercando.

Él disfruta de trabajar en grupos con un objetivo común para mejorar el planeta u obtener nueva información. Ella enfrentará cualquier objetivo en el que cree. Si unen fuerzas, pueden hacer maravillas con la visión y energía de ella y las ideas y el compromiso de él. Podría no ser lo más fácil, pero si se aman lo suficiente, forjarán su relación única que funciona bien para ambos.

De un Piscis:

Cuando él habla, ella termina sus frases. A una mujer Aries le cuesta trabajo esperar a que él busque las palabras apropiadas. Un hombre Piscis tiene tanto fluyendo en su cabeza y ve cosas desde tantas perspectivas, que toma tiempo conectarse con sus ideas. Luego empieza a analizar cómo serán tomadas sus palabras y, bueno, esto sigue y sigue. Ella prefiere las personas directas; algo más, lo considera un desperdicio de tiempo valioso.

Él vive en un mundo diferente al de ella, un mundo de sentimiento, profundidad, asombro y a veces confusión. Ha tenido muchos trabajos, los cuales finalmente desecha para ensayar otro. Incluso cambia su personalidad, de modo que hay muy poco de él que aparentemente perdura.

La costumbre de ella de decir la verdad directa hiere los sentimientos del hombre Piscis. Él no responde enseguida. Lo piensa una y otra vez, y recuerda otras mujeres que lo han herido similarmente mientras se introduce en el conocido rol de víctima. Sólo es cuestión de tiempo antes de que la sutil presión emocional y el silencio malhumorado del hombre Piscis la lleven al límite. Ella no es buena para los juegos mentales y es indefensa contra la hostilidad indirecta.

En la poca probabilidad de que *permanezcan* juntos, tendrán un enfoque informal en el matrimonio. En lugar de aferrarse a los roles tradicionales, dividirán sus responsabilidades de acuerdo al que esté más apto para un trabajo particular. Ella tomará la delantera porque está acostumbrada a ser la fuerte y eso está bien para él.

La mujer Tauro
Abril 20 — Mayo 20

Una hija Tauro es dulce y afable y tiene necesidades simples —ser amada y tratada amablemente, ser alimentada, sentirse segura y estar en lugares confortables—. De niña, disfrutaba la naturaleza y le gustaba sembrar una semilla y verla crecer. Éstas siguen siendo sus prioridades durante toda su vida, y siempre que las tenga, el sol brilla en su mundo.

En la escuela, era tímida y callada, y prefería uno o dos amigos en lugar de una multitud. En casa, era la pequeña ayudante de la mamá y se esforzaba por hacer lo correcto. No le gustaban los oficios caseros, pero la recompensa de un beso o un "gracias" hacía que valiera la pena. Un día, enfrentó un gran desorden —probablemente en su alcoba—. Arregló, organizó y limpió y no se rindió hasta terminar. Le gustó la sensación de logro, y nunca más vacilaría en aceptar una tarea desafiante.

Siendo adolescente, pudo haberse inclinado por el aspecto sexual o el conservador, pero una vez que descubrió lo agradable que era el sexo, su naturaleza sensual tomó el control y se convirtió en parte central de su vida. Ella tenía un gran deseo de amar y alimentar a un niño y no dudaría en adoptar si fuera necesario. Sus hijos se convirtieron en la parte más importante de su vida.

Cuando se enamoró, supo que sería para siempre. Su expectativa era tener una casa pequeña con rosas rosadas creciendo al lado de una cerca blanca, y con una familia feliz. Nada le gustaba más que estar en casa con sus seres queridos.

Si su compañero *no* era cariñoso y amoroso, lo aguantaba siempre que ella y sus hijos tuvieran seguridad. Continuaba como era usual y rara vez le hablaba a alguien de su tristeza; en realidad, era la última en darse cuenta si la situación era imposible. Esto podía tomar años. Su mayor reto era saber cuándo liberarse y realizar un cambio.

A medida que madura, habrá pasado al menos por una relación a largo plazo que ha fracasado, así que planea escoger bien y estar segura antes de entregar de nuevo su corazón. Pero no hay garantías. Si es herida muchas veces, puede renunciar al matrimonio y permanecer soltera. Tendrá relaciones amorosas, pero no hará compromisos.

En su edad más adulta, es menos escéptica y más abierta a los misterios de la vida que no pueden ser vistos o tocados. Se arriesga de vez en cuando, y sabe que no puede controlar todo. Incluso reconoce que su consejo no siempre es perfecto. Es consciente que una vida de alta presión no es benéfica para su sistema nervioso, y aprende a cuidar su cuerpo con ejercicio regular. Se consiente con buena comida, un poco de chocolate, tal vez una taza de té o una copa de vino. Se ha dado cuenta que el amor que buscaba tan fervientemente, siempre estuvo en su interior.

La mujer Tauro enamorada...

De un Aries:

Cuando un hombre Aries atractivo emociona a una mujer Tauro con su atención incondicional, ella cae rendida. El sexo es magnífico y, por un tiempo, confunden el apasionado ímpetu de la química con el amor —al menos *ella*—. Cuando el sexo disminuye de intensidad, y ella empieza a pensar de nuevo, comienza a hacerse preguntas.

Primero, él no es feliz a menos que esté ocupado. Siempre hay un lugar para ir. Ella disfrutaba la emoción al principio, y creía que las cosas se formalizarían una vez que fueran pareja. Pero él siempre está pensando con anticipación —siempre haciendo planes—. Tal vez se dedicará a pasear en barco, quizás conseguirá un trabajo diferente, o emprenderá una empresa que ha estado pensando con sus amigos. Esto es desconcertante para ella porque no le gusta correr de un lado a otro sólo por estar ocupada. Cuando está enamorada, disfruta la comodidad de una noche tranquila en casa con su ser amado, una buena comida, tal vez un video, palomitas y, más tarde, sexo fabuloso. Él preferiría el sexo primero y luego, bueno, tengo que irme.

Él no reconoce la ventaja que ella puede traerle. Si sus ideas no son prácticas, ella lo hará desistir amablemente. Si su plan requiere de un arduo trabajo para hacerlo realidad, ella trabajará felizmente el tiempo que se requiera y sin importar qué tan difícil sea. Tendrá que tolerarlo y aguantarlo, pero ella tiene esa capacidad. El espíritu libre de Aries adiciona diversión y emoción a la vida de la mujer Tauro, pero afecta su sensación de seguridad. Eso no significa que ella no tratará de hacer que funcione; todo depende de qué tan fabuloso sea el sexo.

De otro Tauro:

Una vez, una mujer Tauro tuvo un novio del mismo signo que vivía en la ciudad contigua. Él la visitaba todos los fines de semana y encontraban toda clase de cosas para hacer. Lavaban sus autos, limpiaban el garaje, pintaban la sala y trabajaban en el patio. En principio era magnífico; ¡pudieron terminar muchas cosas! Pero después de unos meses, ella terminó con él: muy aburrido, incluso para ella. La mujer Tauro es más interesante que el hombre, porque tiene más energía creativa.

Dos signos de Tauro son compatibles, pero algunas de las características negativas serán acentuadas. Por ejemplo, una noche relajante en casa es maravillosa, pero no cuando es la única forma de entretenimiento. Es correcto saber a dónde vamos y qué queremos de la vida, y nunca dejar que la imaginación se extravíe o arriesgue a seguir un sueño que pueda eclipsar el espíritu. Es mejor tener una pareja que ejerza un equilibrio.

Los excesos pueden ser reforzados por ambos: demasiadas comidas deliciosas y sabrosos bocadillos pueden aumentar el peso. Beber demasiado es un riesgo, al igual que el abuso con las drogas. Demasiado sexo —bueno, eso *no* es malo— pero no durará mucho tiempo.

Estos dos pueden lograr una rutina cómoda, que no deja de ser rutina. Si no encuentran una forma de adicionar un juego alegre o amigos estimulantes, uno de ellos se sentirá confinado y al final querrá terminar la relación. ¿En realidad lo harán? Podrían permanecer juntos mucho tiempo después del período en que disfrutaban su relación. ¿Pero quién sabe? Tal vez eso también funciona para ellos.

De un Géminis:

Estas personas viven en dos mundos diferentes. Ella vive en un mundo práctico donde todo tiene su precio y no hay nada gratis. Él vive en su cabeza donde todo es posible y no hay límite de posibilidades. Para ella, el *cambio* significa reorganizar los muebles de la sala; para él, significa un nuevo trabajo en una ciudad lejana. La variedad es la esencia que mantiene la vida interesante para un hombre Géminis —lo que hoy es emocionante, mañana podría aburrirlo por completo—.

Él cree que hablar de hacer algo es tan bueno como hacerlo, incluso mejor. Ella cree que las acciones hablan más fuerte que las palabras, y que *hacer* crea cosas, no ideas. Al comienzo de la relación él la desconcertará debido a su incapacidad de decisión, pero más adelante la enloquecerá.

Ser responsable y cumplir la palabra está en la naturaleza de la mujer Tauro, y ella cree que todos deberían regirse por ese código. Tiene carne asada lista para comer a las 6 en punto, como ya le había dicho, pero él llega a casa a las 8:40 y "no tuvo tiempo para llamar" o "no se dio cuenta de qué hora era". Tal vez estaba entretenido jugando en la computadora con sus amigos, ¿pero toda la noche?

A pesar de lo sombrío que parece, no es del todo malo. Ella disfruta de escuchar a este hombre interesante hablar sobre sus viajes, sus diferentes trabajos y sus experiencias. Él la ayuda a pensar más allá de su mundo ordenado y hace que tenga una visión de las innumerables posibilidades. Ella se siente feliz cuando le provee estructura y estabilidad —si hay la posibilidad de estabilizar el viento—.

De un Cáncer:

Cuando una mujer Tauro se encuentra en algún lugar, hay un pequeño pensamiento que reside constantemente en su cabeza: "¿cuándo voy a regresar a casa?" Ningún otro signo del zodiaco, excepto Cáncer, tiene este amor por el hogar. Comprar una casa, llenarla con las cosas que le gustan y saber que está ahí esperándola para brindarle seguridad.

Debido a que tienen gustos y aversiones similares, se adaptan fácilmente una vez que se establecen, pero si ella está mudándose a *su* casa, él podría tener un momento de pánico al ver la cantidad de cosas que ella tiene. Para él, no es fácil acomodar sus cosas y crear espacios en armarios y cajones. Guarda todo lo que tiene vínculos con su pasado, o aquello con lo que se ha acostumbrado, sin importar qué tan inútil u obsoleto sea. Ella también ama sus pertenencias, especialmente las que la hacen sentir valorada y segura en el amor de la familia y los amigos. Cuando las cosas de ambos se juntan —más las que acumulan entre los dos—, tendrán que alquilar un sitio de almacenamiento para manejar el exceso.

Aunque él es básicamente amable, tiene un lado controlador que puede aparecer como una sorpresa desagradable para ella. La mujer Tauro se resiste a que le digan qué hacer, y si es presionada, se resiste aún más. Su muestra de desobediencia es un insulto para él y una señal de que su seguridad es amenazada. En lugar de forzar el asunto, se retraerá y dejará que su silencio hable por él. Este comportamiento la irrita, pero no hasta el extremo. Afortunadamente, es menos probable que ella renuncie al hombre Cáncer, incluso si es un viejo cangrejo.

De un Leo:
Imagínese lo siguiente: una cena deliciosa servida con un buen vino a la luz de una vela en un entorno hermoso. Después de la comida, masajes mutuos, escuchando música agradable de fondo. Parece que ellos saben cómo vivir, ¿no es cierto?

Esta escena agradable es más probable cuando están en las primeras etapas del romance. Posteriormente, esto se convierte en un problema para algunas personas, pero no para ella. Una mujer Tauro no ahorra esfuerzo para conservar su matrimonio y su vida sexual.

Ambos son almas creativas. Ella tiene una naturaleza artística y le gusta hacer algo con sus propias manos. Él también es hábil en algún tipo de arte, y los dos quieren algo real para ver como resultado de sus esfuerzos. Se estimulan mutuamente en sus actividades. Él reconoce que ella tiene buen gusto . . . , después de todo, lo escogió, ¿no es así? Ésta es su forma ligeramente graciosa de reforzar cuán afortunada es ella por tenerlo y, por supuesto, ella está de acuerdo —no es tonta—. Si no lo hiciera sentir importante y amado, él podría encontrar a alguien que lo hiciera.

Naturalmente, la vida los afectará y surgirán tensiones; ¿qué sucede con los desacuerdos y discusiones? Ambos son muy tercos, pero no es probable que renuncien a su relación, y lo intentarán todo para hacer que funcione. Él llegará a su final si ya no se siente orgulloso de tenerla como su pareja. Para ella, un matrimonio sin amor es una tortura, pero empezar de nuevo es impensable: no se rendirá.

De un Virgo:
Cuando un hombre Virgo ve los cajones de archivos de una mujer Tauro —ella marca y archiva todo con etiquetas, incluso sus recetas, tarjetas de felicitación y viejos diarios—, algo le susurra al oído: "ésta es mi mujer".

¡Estos dos saben cómo hacer las cosas! Él siempre tiene un proyecto en la casa o el patio y ella trabaja a su lado, encantada por tener un hombre que no ve deportes todo el fin de semana. Pero demasiado bueno de algo es también demasiado, y si no dedican tiempo para el ocio y la diversión, puede perderse la chispa de la relación.

Algo que es difícil para ella es la forma cómo él constantemente señala algo que olvidó hacer, no terminó o no hizo correctamente. Ella a menudo no reconoce lo talentosa y brillante que es, por eso la crítica la afecta. Pero él es un perfeccionista y muy consciente de los errores o imperfecciones, incluidos los suyos, ¡aunque se los guarda para sí mismo! Ella quiere mantenerlo feliz, así que simplemente sigue haciendo lo mejor que puede para complacerlo, pero en su interior, el amor que le tiene ha disminuido. Aun así, sus valores sólidos y conservadores combinan bien con los de él, y se entienden mutuamente.

Esta pareja puede no ser conocida por sus fiestas deslumbrantes o conversaciones brillantes, pero ambos están dispuestos a ayudar a alguien a construir un balcón o pintar una casa. A menos que él haga algo peor que quejarse o trabajar demasiado, ella no se alejará. Incluso podrían tener la satisfacción de celebrar sus bodas de oro con una condición: que él permanezca comprometido con ella y su matrimonio.

De un Libra:
Él sólo está lanzando ideas en diferentes direcciones para oír cómo suenan, pero ella cree que está hablando en serio. Corre en busca de lápiz y papel y hace una lista. ¡Qué tonta! Todavía no ha aprendido que a un hombre Libra le gusta discutir ideas, pero eso no significa que en realidad planee llevarlas a cabo. Ella es muy realista y está siempre lista para hacer lo que sea con el fin de que algo suceda. Se siente frustrada cuando

él le dice, "ven aquí y relájate; no necesitas poner esto por escrito". ¡Se frustra una vez más!

Él es atento y aparece con pequeñas sorpresas que siempre le encantan, y ella aprecia estas pruebas de su amor. Él nació sabiendo qué hacer para que las personas se sientan bien. Ella está feliz, él está feliz —todos están felices, ¿correcto?—. El problema aquí es obvio —no pueden ser felices todo el tiempo—. Así es la VIDA. Pero él detiene su ira o descontento para conservar la paz. Ella tarda en ofenderse y a menudo ignora lo que no quiere ver, pero cuando *ve* un problema, desea sacarlo a flote para que ambos puedan resolverlo. ¡Hablar del asunto es lo *último* que él quiere hacer! Tarde o temprano, todas las parejas tienen que enfrentar sus problemas, o ver cómo los resentimientos empiezan a acumularse.

Ella le deja conocer sus opiniones y espera honestidad de su parte —puede detectar falsedad a una milla—. Si nota que él no es sincero con otras personas, pierde la fe en su sinceridad con ella. Esto puede ser un problema serio porque afecta la confianza que le tiene.

De un Escorpión:

¡Ah, lo temido: el fenómeno de "atracción de opuestos"! Según la tradición astrológica, hay una poderosa atracción magnética entre Tauro y Escorpión, pero pocas uniones duraderas. Ambos son tercos, pero mientras él no cambie por alguien o algo, ella a menudo se adaptará para complacerlo, no porque sea nativa de Tauro, sino porque es mujer.

Ambos son celosos, pero ella necesita una razón, mientras él lo es sólo porque es su naturaleza. Si permanecen juntos suficiente tiempo, él finalmente aprenderá que ella dice lo que siente y que es completamente leal. Más allá de su confianza, él mantiene una montaña de acusaciones y siempre actúa como un detective.

Otra diferencia: ella es veraz y directa y espera lo mismo de él. Necesita reconocer que el hombre Escorpión siempre tendrá sus secretos, y a veces hasta una vida secreta, que ella nunca conocerá. Le podría tomar años descubrirlo. Es muy difícil para una mujer Tauro comprender la naturaleza compleja de un hombre Escorpión porque es sencilla, en el buen sentido de la palabra. Si fueran automóviles, ella sería uno pequeño azul de dos puertas, y él sería un "Humvee" —preferiblemente blindado—.

Al final, se siente como una prueba de resistencia para ella, y para él, una prueba de voluntad. Sin embargo, Tauro y Escorpión comparten un vínculo fuerte que efectivamente puede durar. Tal vez la clave está en mantener residencias separadas, o es probable que decidan tener la amistad y olvidarse de la relación amorosa.

De un Sagitario:

Un hombre Sagitario le da un toque "vagabundo" al romance. No siempre será *infiel*, pero no es consuelo saber que "The Donald" tiene una Luna Sagitario. Cuando una mujer Tauro está enamorada, está pensando para siempre, y él está pensando... bueno, en realidad no está pensando en la relación —está encerando sus esquíes, comprando boletos de avión y alistando su maleta para la siguiente aventura—.

Ella también disfruta de viajar y tener aventuras, pero no si significa estar con frío, incómoda y pasando un mal momento en una tienda de campaña o en una fría montaña. Ella es la "chica material" original, a quien le gusta saber que tiene cerca sus sábanas de seda y toallas suaves. Para él, no es lo que posee, es donde ha estado.

Tienen sus buenos momentos cuando están sentados junto al fuego, hablando de la vida. Él es un conversador inteligente y ella es alegre y fácil de llevar, pero sus naturalezas básicas simplemente no encajan. Por ejemplo, él no puede hacer que se apresure. Lo mejor que puede hacer es persuadirla con humor. Y ella no puede hacer que se quede en casa —él tiene sus pies llenos de hormigas que deben mantenerse en movimiento—.

Debido a sus viajes y a las muchas personas que conoce, él siempre encuentra un trabajo que le gusta más que el que tiene, o al menos *parece* mejor. Trasladarse, especialmente lejos, no es para ella. Se resiste incluso a mudarse a una casa diferente.

Ella odia las cuentas que se acumulan cuando él está sin trabajo, pero se acepta. Si él es irresponsable con el dinero, ella debería mantener sus finanzas separadas todo lo posible, disfrutar de su compañía mientras dure y olvidarse de él "para siempre".

De un Capricornio:

Estos dos hacen un buen equipo. Pueden caer en una rutina y trabajar de sol a sol. Si están felices de esa forma, qué le vamos a hacer, el mundo necesita trabajadores, y al menos ellos coinciden en esa forma de pensar.

Él es un poco mandón; ella es más condescendiente y puede dejarlo tomar la delantera, siempre que las decisiones tengan sentido para ella. Al menos con él, ella sabe qué esperar y le gusta que sea responsable con el dinero. Aquí se siente más segura que con la mayoría de los otros signos y le encanta saber que él la protege.

Las cosas aún se ponen mejor: sus prioridades incluyen el hogar, la familia y construir seguridad. Él la respeta por ser astuta en asuntos económicos, especialmente en bienes raíces. Naturalmente, las parejas siempre pueden discutir por dinero, pero al menos ellos tienen el mismo sistema de valores. Entre ambos, ella puede gastarlo más libremente, pero él aprecia el hecho de que sus gastos más grandes son para la casa. Siempre que compre cosas de calidad —y en oferta— él no se quejará demasiado.

Ver crecer sus inversiones los emocionará por completo. Otros pueden mofarse de estas dos abejas obreras, pero, al final, ellos reirán de último. Al pasar el tiempo, resulta que la seguridad *es* más importante que el amor estimulante, sin importar qué tan magnífico sea.

De un Acuario:

Justo cuando una mujer Tauro se enamora de un hombre Acuario, él le da la noticia de que se va para Australia, ¿no hay problema contigo, cierto? O está vendiendo su empresa y va a dedicarse a la cerámica... en Nuevo México. Estas pequeñas ilustraciones muestran el hábito de Acuario de salir periódicamente de la rutina y cambiar de dirección —es la única manera en que sabe vivir—. Para ella, un cambio total de planes puede llegar como un rayo estruendoso, abriendo una grieta en su mundo tranquilo. Y sin embargo, no puede dejar de sentirse atraída por él.

Él es diferente de cualquier otro hombre que ella haya conocido y eso lo hace interesante, pero tiene que saber lo que espera en la vida, y con él, nunca lo sabrá. Él sueña en lo que podría ser y en cómo puede cambiar el mundo, al menos su pequeño rincón que ocupa. Ella es práctica: también tiene sueños, pero primero quiere pagar las cuentas.

Él tiende a incorporarse a muchas asociaciones, y como resultado esto va a ocupar mucho de su tiempo libre. Necesita libertad para asistir a reuniones y hacer *cualquier* cosa con amigos, lo cual la inquieta. No puede dejarlo ir ni dejar de preguntarse si está con otra mujer.

Ella tendrá que renunciar a algo para vivir con este hombre, y ese *algo* puede ser la misma seguridad que anhela. Si está trabajando y él no, se enloquece. Con el tiempo, él puede estabilizarse y su familia se vuelve más importante, ¿pero es ella lo suficientemente paciente para esperar?

De un Piscis:

Estos dos tienen mucho en común; ambos tienen un lado tímido, al igual que la modestia. Se entienden muy bien, o al menos ella *cree* que sí, y éste es uno de los mejores signos para la mujer Tauro, si todo va bien.

Él brinda apoyo, es protector y amante generoso. En realidad, es casi todo lo que ella quiere en un hombre. Pueden hablar durante horas sobre sus creencias religiosas o espirituales, sus objetivos en la vida y sus esperanzas para el futuro. Él parece fuerte y seguro de sí mismo en un principio y mientras no existan grandes problemas. Cuando llega el momento de tomar decisiones importantes o hay situaciones difíciles, ella puede darse cuenta que él no es tan seguro de sí mismo; en realidad, a menudo es inseguro y espera que ella le dé dirección. Esto la frustra y confunde porque creía que lo conocía.

En el mundo de él, todo siempre está cambiando. Estaba feliz ayer, ¿qué hay de malo ahora? Ella no comprende su silencio malhumorado. ¿Es que no mostró suficiente entusiasmo acerca de su nuevo proyecto? ¿Tal vez no supo cómo mostrárselo? Es una característica de la mujer Tauro pensar que todo es su culpa. Él no comparte sus sentimientos porque ni siquiera está seguro de cuáles son. Vienen de un lugar profundo donde residen los recuerdos dolorosos.

Él hace estragos su sentido de seguridad, y ella aborrece averiguar algo que debió haber sabido desde el comienzo. Lo confrontará al respecto, pero si lo presiona, él podría simplemente irse y convertirse en una página más en su libro de recuerdos.

La mujer Géminis
Mayo 21–junio 21

Una niña Géminis pudo haber mantenido alerta a sus padres, pero al menos nunca tuvieron que preocuparse de que no tuviera amigos. Ella ofrecía amistad a diversas personas, jóvenes o adultos —no importaba, todos eran de su agrado—. A menudo escogía al niño que era diferente de algún modo porque despertaba su curiosidad.

Mostraba a los otros niños cómo jugar un juego o los organizaba. Era divertida y querida, aunque no especialmente comprensiva. Obtenía buenas calificaciones, aunque no entregaba todas sus tareas. Entendía los conceptos rápidamente si se esforzaba, lo cual no pasaba a menudo.

Era algo mandona y no era conocida por jugar con muñecas. Si jugaba a "la casita", siempre se encargaba de asignar los roles.

Durante su juventud tuvo muchos novios, pero ninguno por mucho tiempo. Se aburría y buscaba a alguien nuevo, no porque fuera superficial, sino porque en realidad creía que encontraría a su compañero perfecto. Sentía que encontraría a alguien quien la haría feliz y la alejaría de su soledad.

Quizás se casó joven porque era otra frontera que debía explorar, o tal vez olvidó tomar la píldora y quedó embarazada. A menudo se casa más de una vez. —es el viejo sueño de encontrar su alma gemela lo que la mantiene intentando—.

Lo que podría tener es un hombre más práctico que ella y que sepa cosas importantes, como que el teléfono será cancelado el martes. Usted pensaría que ella protege esta línea de la comunicación con el mundo exterior, pero por desgracia, olvidó pagar la cuenta, si es que abrió el sobre. Ella sabe que puede ser una "cabeza hueca", y se reiría si alguien la llama "la más probable en dejar el bebé en el autobús".

Nunca está aburrida y puede hablar sobre muchos temas siempre que no sea presionada por detalles y exactitud. A los hombres les atrae su estilo bromista y sus historias divertidas.

Una mujer Géminis se adapta al rol de madre más fácil que un hombre Géminis al rol de padre. Practica artes manuales con sus hijos y luego sale de prisa a llevar un grupo del vecindario en un partido de béisbol o al ballet. Puede ser una ama de casa siempre que pueda ir al centro comercial, tomar una clase o llamar a alguno de sus dos docenas de amigos —para estar ocupada, no aburrida—.

A medida que envejece, se vuelve más honesta y clemente consigo misma y otras personas. Reconoce el valor de las amistades duraderas que ha construido. Descubre la autodisciplina a través de su profesión, y aprende a pagar las cuentas a tiempo, usualmente. Descubre que puede crear la emoción y novedad que necesita en su vida sin buscar un hombre por tal razón. Y, lo más importante, aprende que su otra mitad, su alma gemela, está dentro de su ser.

La mujer Géminis enamorada...
De un Aries:

Ella no aprecia el consejo que no ha solicitado o, peor aun, que le digan qué hacer. Cuando el hombre Aries actúa de esa forma, pronto se da cuenta que eso no funciona. Ella es un blanco en movimiento, y no permanecerá a su lado si él es muy mandón o difícil de congeniar.

Aunque puede haber fuegos artificiales, como mínimo hay una chispa, y aquí hay alguien que no la aburrirá hasta el extremo. Él también se siente atraído, porque ella es una dama fascinante que lo mantiene adivinando. Ambos están llenos de vida y sus mentes activas los mantienen hasta las horas de la madrugada hablando acerca de todo.

Después que la primera emoción del romance se ha disipado, él no es tan buena compañía. Si la conversación pasa a un tema que no lo afecta directamente, pierde interés; incluso podría no escucharla. Ella no lo toma muy en serio y usualmente llena sus vacíos emocionales con sus amigos y familia. Es sólo una de las pequeñas formas que tendrá que adaptarse, pero como dijo Lily Tomlin en el clásico de los ochentas *Nine to Five*, "soy un árbol, puedo doblarme".

Su alto nivel de energía es la principal atracción para ella. Un hombre tiene que ser interesante o la relación no valdrá la pena. Pueden llevársela muy bien una vez que él reconozca que ella es lo suficientemente inteligente para tomar sus propias decisiones y disminuir los reclamos.

De un Tauro:
La vida de repente se complica mucho más para un hombre Tauro cuando se enamora de una mujer Géminis. Ella *es* una conexión de alta velocidad para Tauro, y él no está seguro de tener la capacidad para manejarla. Tampoco se siente cien por ciento a gusto con sus amigos. Pero si alguien puede convencerlo de hacer algo diferente, ¡es ella!

La poca tolerancia por el aburrimiento es la razón de las ideas creativas que sugiere. Pronto averiguará que a él ni siquiera le gusta ir a ver una película no planeada, mucho menos una fiesta o un viaje espontáneo. Al comienzo se esforzará y lo hará por amor. Después, cuando la relación esté más asentada, empezará a resistirse. Ella tratará de agitar las cosas, tal vez poniéndolo celoso, pero esa táctica no va bien con él y podrían terminar en un nueva pelea.

Para que estos dos se la lleven bien, tal vez deberían considerar separarse regularmente para hacer sus cosas individuales. Así él tiene su tiempo en paz para recargarse, y ella puede disfrutar del dinamismo de una buena discusión con alguien más —algo que a él no le importará perderse—.

Ella puede ser lo mejor que a él le ha sucedido, y cuando termina la relación, nunca la olvidará. ¿Cómo podrá hacerlo cuando algunas de las cosas de ella siguen en su apartamento mucho después de que se ha marchado? Pero no hay que preocuparse; él tendrá todo listo en cajas y etiquetado cuando ella regrese a recogerlo, si alguna vez lo hace.

De un Géminis:

¿Dos gemelos? ¡Eso hace que sean cuatro! Podría resultar interesante, especialmente porque ambos son muy buenos para decir lo que la otra persona quiere oír, y luego siguen su camino. ¡Ni hablar de sus intrincados juegos mentales!

Ambos son comunicadores, pero a ella le gusta hablar de lo que ocurrió hoy, quién llamó y qué se dijo. Él se enfoca más en temas como deportes, política o cómo funcionan las cosas, rara vez en conversaciones. Aun así, no se puede negar que aquí existe un vínculo. Ambos disfrutan las charlas largas que llegan hasta la noche, y conversaciones fragmentadas que sólo ellos entienden. Ni siquiera tienen que verse en persona: el teléfono es su línea de comunicación —o el correo electrónico o mensajes inmediatos, los cuales son inventos geminianos—. También les atraen las películas, libros, amigos, cursos y actividades sociales. En realidad, estos dos tienen tanto en común, que a veces son mejores amigos que amantes.

Ambos son perspicaces y de lengua mordaz. Puede surgir el comentario dañoso ocasional, pero en general, disfrutan los debates fogosos y las discusiones intelectuales.

Si uno de ellos se aburre y usa el flirteo como una diversión, esta pareja puede estallar rápidamente. La tensión nerviosa y las deudas pueden aumentar cuando ninguno tiende a cuidar los negocios, pero han creado un buen comienzo como amigos. Ahí van en su convertible, con sus iPods y computadores portátiles iguales. ¿Quién puede decir que no tendrán éxito?

De un Cáncer:

Muy bien, ella no es la mujer más sensible, pero su corazón está en el lugar correcto. Un hombre Cáncer que ama a una mujer Géminis va a tener que aceptarlo o sentirse a toda hora ofendido. Incluso si es totalmente dedicada a él, no puede censurar todos sus comentarios informales para ver si pasan la prueba de sensibilidad del canceriano. La relación tendrá éxito o fracasará, dependiendo de cuánto *él* lo desee, porque ella no puede cambiar su personalidad.

Él se enamora del ánimo y su sentido del humor, y la forma en que ella pasa a su lado todo su tiempo libre. Es cuando se aburre de jugar a la diosa doméstica que las cosas se tornan difíciles. Tal vez ella se inscribe para una clase nocturna sin consultarle, o peor aun, acepta un trabajo que requiere viajar. La vida del hombre Cáncer está construida sobre sus necesidades emocionales, y no puede tolerar una compañera que no esté a su lado.

Él nunca entenderá su necesidad de novedad y cambio. Aquellas cosas como sus muchos amigos de ambos sexos, su actitud coqueta e independencia, amenazan su seguridad. Incluso la tendencia de ella a mudarse con frecuencia, puede chocar con su deseo de establecerse en un lugar. Si tienen hijos, ella se estabilizará un poco, pero esta mamá hogareña no se quedará en casa. Pondrá a los niños en el auto y emprenderá su camino.

Ésta es una combinación extraña que no durará a menos que ambos sean conscientes de sus diferentes necesidades emocionales y tengan buena comunicación —¿es eso posible con un cangrejo?—. Ella debe preguntarse: "¿debo siempre estar atenta para no ofenderlo, en lugar de fluir con mi naturaleza ingeniosa y sabelotodo?" Nooo.

De un Leo:
A pesar de su naturaleza independiente, una mujer Géminis puede terminar dedicada a un hombre. Es posible, si ese hombre reconoce su necesidad de una variedad de amigos y experiencias interesantes. Afortunadamente, a un hombre Leo le gusta divertirse y disfrutar la vida tanto como a ella. Él se enamora de su rápido ingenio y personalidad interesante.

Pero éste es un signo ultra sensible, inclinado al ego. Disfruta de su sentido del humor, siempre y cuando no bromeen ni se burlen de él. Ella también necesita estar atenta a su hábito natural de interrumpir a las personas porque, si lo hace, él lo tomará como una señal de irrespeto —algo que no tolera—.

Ambos se deleitan al recibir mucha atención, así que tendrán que complacerse mutuamente siendo atentos y dando el mérito cuando es debido. Él puede hacerla feliz con viajes cortos e inesperados a nuevos lugares, llevándola donde pueda conocer gente, y recordando que, para ella, la buena charla es tan importante como el buen sexo.

Hay formas en que puede complacerlo si todavía no se ha cansado de él, porque después de todo, un hombre Leo es un gran botín. Puede pedir su opinión, solicitarle que ordene por ella en un restaurante e idear nuevas formas de elogiarlo sin sonar falsa. Si alguien puede hacerlo, es ella.

De un Virgo:
Con seguridad se conocieron en el trabajo; ¿de qué otra forma habría sacado tiempo para conocerse más a fondo? Él es notable por ser un trabajador obsesivo; ella es famosa por comprometerse demasiado y andar de afán de un lado a otro. Si toman las cosas con calma a la hora de tener sexo, están haciendo bien las cosas.

Aquí hay un hombre tan listo como ella, y podría ayudarla en su profesión. Puede hablar de trabajo para siempre, y sus consejos son invaluables. Hasta ahora todo está bien, pero los problemas acechan cuando tratan de cohabitar.

Él es un fanático de la limpieza. Una media sucia debajo del sofá o una cama desarreglada lo perturba. A ella también le agrada la casa limpia, pero tiene una vida atareada; reuniones, un trabajo por horas, quizás un almuerzo con su antiguo jefe. ¿Él puede soportar tener esparcidas todas las cosas de la ocupada vida de ella? ¿Ella puede soportar escucharlo quejándose al respecto?

Otra cosa: ella odia ser criticada. Ya sabe cuáles son sus faltas o no las va a aceptar, así que los comentarios críticos sólo la molestan. Hay otras áreas difíciles en esta relación. Él es más práctico que ella —más excusas para criticar—. Pero ella está más dispuesta a intentar algo nuevo que él, luego es más probable que se aburra. Aquí está su gracia salvadora: si se ven pocas veces, hay poco tiempo para pelear.

De un Libra:
Es difícil imaginar a un hombre Libra y una mujer Géminis pasando una noche tranquila en casa: debe suceder, pero simplemente no es para ellos. Nunca hubo una pareja tan apropiada para el círculo social. Les gusta salir y ver gente —y ser vistos—. Tienen montones de amigos y son conocidos por sus fiestas, aunque la comida puede ser encargada de algún sitio; ella no cocina. Asisten a toda clase de eventos —deportivos, culturales, políticos, musicales— y cosas similares.

La relación puede ser arruinada debido a una cosa: falta de comunicación. Aunque armonizan al hablar, no siempre hay honestidad. Por ejemplo: él siempre está radiante y atrae la atención femenina. Si hay una morena mirándolo toda la noche, ella hará algo para ponerlo celoso. Si él toma esa dirección, encontrará formas sutiles de hacérselo saber o desquitarse. Es dudoso que se lo diga sin rodeos. Estos pequeños juegos pueden acabar con su felicidad hasta que desaparezca, como un pedazo de queso en una ratonera.

Él, con su estilo insincero pero atrayente, no dice cuándo está enojado. Ella, con su lengua rápida y sarcástica, dice lo que llega a su mente. Así, parece que la mayoría de discusiones son iniciadas por ella. Pero él rara vez es inocente, sólo más tranquilo al respecto.

Sin embargo, ambos son buenos para ignorar cosas y olvidarlas. Es mejor dejar algunas cosas *sin* decir nada ni discutir.

De un Escorpión:

¿Qué tal si es una coqueta nata y él es de un carácter obsesionado por los celos? ¿Si está lista para cualquier cosa en un segundo, pero él no tiene espontaneidad? ¿Y si tiene poca tolerancia por las personas no comunicativas, y él es callado? Al principio, no se dan cuenta de sus diferencias excepto por la única que importa —sus sexos—. Hay muchas más, y tendrán que enfrentarlas tarde o temprano.

Él es apasionado por ciertas cosas, incluyendo su equipo de fútbol favorito y su auto lujoso. En una relación, puede ser desapegado si no se involucra por completo —o es consumido por el amor increíblemente posesivo si está enamorado—. Cuando la cela con sus compañeros de trabajo, ella sabe que no es justo y la hace enojar.

Ella podría considerar las cosas que las parejas hacen para arreglar sus relaciones: terapia profesional —él no irá—, discutir —ya lo descartó—, llegar a un acuerdo —no es lo de él—, residencias separadas —ya casi acierta—, o rendirse y aprender a luchar justamente —él tendrá que ganar—. Si parece no haber esperanza, bueno, al menos fue agradable mientras duró, y eso es lo que debemos esperar cuando se unen personas con diferencias tan marcadas de personalidad.

Quizás lo más peligroso al respecto: ella quiere ser la que termine las cosas, pero un hombre Escorpión no es del tipo que toma a la ligera el rechazo. Éste podría ser un juego memorable —e incluso una ruptura aun más intensa—.

De un Sagitario:
Antes de que pueda decir "se venció el pago de la hipoteca", estos dos ya van para Alaska a montar en kayak y ver osos pardos atrapando salmón. Las ideas de ella despiertan el sentido de aventura de él y la diversión que tienen compensa muchas riñas menores a lo largo de la relación.

Estos dos pueden charlar durante horas. Ella necesita estimulación para su mente rápida, y él siempre está listo para explorar algo nuevo o exponer sus teorías preferidas. Ella se interesa en sus ideas de manera intelectual, pero no se involucra emocionalmente tanto como él; sin embargo, está con él en mente, si no lo está en corazón.

Aunque ella se preocupa por cosas, no le gusta ser así. Él ve el lado positivo de la vida y le mantiene arriba el ánimo. Es un optimista que no cree en el conservadurismo. Todo en él es grande —sus sueños, su apetito y su generosidad, para mencionar sólo unas cosas—. Ella tendrá que tolerar sus gastos excesivos y su disposición a prestar dinero a cualquiera de sus innumerables amigos.

Podrían adaptarse bastante bien a un estilo de vida transitorio, o es probable que sean estudiantes perpetuos, satisfaciendo curiosidades innatas acerca de todo, desde Atlántida hasta Zanzíbar.

Algo que ella odia es estar aburrida, de lo cual no tendrá que preocuparse con él. Sin embargo, en cierto momento en su vida, cuando tiene hijos, por ejemplo, necesita estabilidad. Ahí es cuando su actitud gastadora empieza a cansarla y le gustaría que él estuviera de acuerdo con un sueldo semanal y suficiente rutina para brindar seguridad a los hijos. De él depende si esto funciona.

De un Capricornio:
Cuando un hombre Capricornio habla de cómo se divirtió organizando su oficina en la casa, una mujer Géminis debería seguir su instinto y correr como el viento. Es difícil visualizar a estos dos entendiéndose. Sus

ritmos son diferentes, al igual que sus intereses. A él le gusta profundizar y llegar hasta el fondo de las cosas, por decir algo, las cuentas. ¡En lo único que ella quiere profundizar es en su bolso para sacar su tarjeta de crédito!

Él es serio, ella es caprichosa. A él le gusta salir adelante, construyendo para el futuro y asegurando una vida cómoda. Ella prefiere expresarse, hacer viajes cortos y lanzar ideas sólo por diversión. Él quiere el árbol de Navidad tradicional y ella prefiere uno que salga de una caja.

Sin embargo, ella tiene un deseo interior de respetabilidad, y por eso hay ciertas cosas que aprecia en él: sus finanzas, por ejemplo. Pero nunca va a aceptar limitaciones a su libertad e independencia.

No obstante, hay veces que puede involucrarse por completo en un proyecto. Cuando lo hace, incluso ella misma se sorprende de su dedicación. Puede entonces ser tan trabajadora obsesiva como él. Recuerde, ella es una gemela; ¡él tiene dos personas por el precio de una! Sin embargo, en lugar de regocijarse de su suerte, él se siente confundido. Quiere saber exactamente con quién está casado —¡qué extraño!—.

Su éxito como pareja radica en el compromiso y la tolerancia, y tener un consejero matrimonial a la mano.

De un Acuario:

Comenzarán como amigos y terminarán como amigos. Eso no quiere decir que el matrimonio no es una posibilidad, pero ambos consideran el ser amigos íntimos como el primer paso necesario. Cuando se unen, disfrutan tener nuevos amigos para conocer, comparar y chismear.

Ella respeta su intelecto y lo encuentra muy interesante para hablar, mientras a él le gusta su sentido del humor y la forma en que lo escucha hablar de sus aventuras durante horas. En realidad, se la llevan tan bien, que ella puede empezar a creer que después de todo ha encontrado su pareja perfecta.

Cada uno ha hallado, en el otro, alguien dispuesto a darle el espacio de descanso que necesitan, sin sentirse amenazados. Ninguno es complicado a nivel emocional. Ambos prefieren ser un poco desapegados y libres, no unidos de forma fanática.

Con el tiempo, ella esperará seguir en el camino hacia el compromiso (su parte gemela más sensata y estable), y ahí es cuando se da cuenta de que las cosas pueden no ser tan fáciles como parecían inicialmente. Él no estaba pensando en establecerse, sólo disfrutaba de su compañía, mente y cuerpo. La prueba llega cuando le da el ultimátum inevitable. Si se compromete, pasa la prueba. Y si se casan, ella sabrá que realmente la ama, porque los lazos que atan no son lo suyo. Ella debería estar orgullosa.

De un Piscis:

Como la caja de chocolates de *Forrest Gump*, nunca se sabe qué va a pasar con un hombre Piscis. Podría ser un artista, músico o un vaquero, pero usa su intuición y naturaleza sentimental para tomar decisiones. Su forma de procesar el pensamiento es única y hacer que exprese su opinión con firmeza es como sacar un pez del estanque con las manos —rara vez sucede—. Ella se impacienta con él y lanza un comentario poco serio que lo afecta más de lo que se imagina.

Son atraídos por los mismos intereses y comparten su música y sus libros. Les gusta ir a cine o recibir invitados en casa. Como amigos, son maravillosos juntos, pero cuando establecen su propia familia, las exigencias de la vida cotidiana afectan su relación amorosa armoniosa. No pagan las cuentas y ninguno quiere tomar las decisiones difíciles. Cada uno espera que el otro sea el práctico y se encargue de la situación.

Ninguno necesita mandar ni tiene una fuerte necesidad de obtener o acumular bienes materiales. A él le toma un tiempo decidir qué profesión seguir, y ella tampoco está enfocada exactamente en sus metas, al menos al comienzo.

Él tiene inclinaciones espirituales y hurga profundamente en ideas esotéricas. Ella lee mucho y quiere saber acerca de todo, pero no profundiza en los temas, prefiriendo saber un poco sobre muchas cosas interesantes.

Con el tiempo, aprenden a manejar sus asuntos, aunque nunca ganarán un premio por consistencia. Sus vidas pueden tomar muchas direcciones, y ambos se sorprenderán de cómo salen las cosas.

La mujer Cáncer
junio 22–julio 22

Una niña Cáncer es tan dulce que usted querrá abrazarla, pero no lo haga a menos que la conozca bien, porque se esconderá detrás de la pierna de su madre y lo mirará fijamente como diciéndole, "déjeme en paz; no lo conozco". Durante toda su vida, será cuidadosa con sus afectos.

Es una niña que necesita la luz prendida de noche en su habitación para su tranquilidad. Tiene otros temores que nadie conoce porque no habla de ellos.

Necesita mucho amor y estímulo de sus padres. Tiene un amor profundo por su familia, y si tiene la fortuna de contar con una madre amorosa, usualmente es apegada a ella. Si no es así, o si están separadas, afecta su personalidad por el resto de su vida y hace más difícil que se ame a sí misma y a otros.

Adora a los animales y cuidará bien un pajarito recién nacido o recogerá un gatito extraviado y lo llevará a casa para alimentarlo. Su deseo de proteger y alimentar cualquier criatura indefensa es uno de sus principales rasgos, y se siente plena con una mascota propia para amarla.

Es más fuerte de lo que parece. Bajo su actitud tranquila y modesta yace una gran fuerza de voluntad y una naturaleza independiente. Ella sabe lo que quiere. Con sus amigos es una líder, pero sólo si se siente cómoda y segura en la situación.

Cuando está pequeña, tiene al menos una colección de algo, y coleccionará otras cosas a medida que va por la vida. Por naturaleza guarda cosas, especialmente algo con un valor sentimental como sus viejos juguetes y muñecas.

Cuando era joven, no coqueteaba abiertamente pero enviaba señales sutiles y esperaba que el hombre las captara y la conquistara. Quería un hogar propio y se casó joven. Si los malentendidos y la infelicidad arruinaron el matrimonio, se alejó y se encerró emocionalmente, pero durante años esperó de manera obstinada e indecisa hacer la ruptura final.

Sus heridas arden profundamente y sanan lentamente, así que todavía lleva consigo injusticias y aflicciones del pasado. Puede volverse a casar, pero aún se aferra a todo aquello que es importante para ella —sus hijos, una vida de hogar o sus posesiones apreciadas—. Le es difícil alejarse de alguien que ama —un hijo adulto, por ejemplo—, pero está mejorando al respecto. Sabe, al menos a nivel intelectual, que aferrarse y preocuparse no elimina los riesgos; por el contrario crea temor y enfermedad.

En su edad madura, ha aprendido a ser más honesta respecto a sus relaciones. Reconoce que sus inseguridades y miedos han sido una gran parte de sus problemas. Está aprendiendo a vivir sin tratar de controlar las cosas.

Ahora puede a veces expresar sus deseos y necesidades a su esposo u otros, en lugar de que ellos intenten adivinarlo —y suponer mal—. Ser franca no es fácil y ser reservada sigue siendo su naturaleza, pero está haciendo progresos. Lo mismo pasa con aprender a amarse a sí misma y a su cuerpo... está haciendo el esfuerzo.

La mujer Cáncer enamorada...

De un Aries:

Juntar el signo masculino más insensible con el signo femenino más sensible parece una apuesta tonta. Lo es. Por otra parte, una mujer Cáncer pierde respeto por un hombre que no lucha por sus derechos, así que al menos ésa es una barrera derribada, de las muchas más que aparecerán.

Ella es una mujer chapada a la antigua que sabe cómo coquetear con sus ojos, pero detrás de su modesta fachada hay una atrayente sexualidad esperando ser desatada en las circunstancias apropiadas. Aquí llega el hombre Aries con su actitud de hacerse cargo y apariencia masculina. No es extraño que sea amor a primera vista.

No es su culpa que él crea que va a mandar en esta relación —ella da la impresión de ser pasiva y fácil de controlar—. Es sólo la *impresión*, porque en realidad, está firmemente plantada en sus propias convicciones, aunque es engañosa la actitud tranquila que muestra. Sin embargo, con un Aries dominante, le puede ser difícil hacerse valer y mantener la confianza en sí misma. Si alguna vez él estalla en su presencia, ella se retraerá, anunciando de esa forma el final de cualquier relación entre los dos.

Un hombre Aries es tal y como lo ve, pero con ella, es todo lo contrario. Él nunca entenderá las emociones profundas que hay debajo de su calma exterior. Lógicamente, uno podría deducir que ésta sería una mejor unión para una relación amorosa corta y estimulante, en lugar de una vida en común íntima y sostenida. Quizás eso es lo correcto.

De un Tauro:
Toma tiempo llegar a conocer a una mujer Cáncer, y un hombre Tauro tiene la paciencia para dejar que las cosas se desarrollen lentamente. No la presiona; sólo espera hasta que esté lista para dar el siguiente paso. Cuando finalmente se ponen en marcha, descubren que sus instintos eran correctos y llegan a ser una pareja muy feliz.

Contrario a la creencia popular, Cáncer no es sólo el signo hogareño. Tiene esa reputación porque ella ama el hogar y la familia. Si es jefe, trata a sus empleados como una gran familia y los cuida. Si está dedicada a una profesión u otro interés, la relación amorosa será más desafiante porque no siempre podrá pronosticar su horario. Sin embargo, él es por lo general tolerante, así que pueden resolver el problema.

Cualquier mujer que disfruta de cocinar desea hacerlo para alguien que lo aprecie, y él es su tipo. A este hombre no le gusta comer en restaurantes porque carecen del ambiente hogareño donde se siente cómodo. La buena comida es otro vínculo que tienen, siempre que ella no trate de que todo sea *a la carta* para él.

Él no entiende las emociones profundas de esta mujer, pero eso no es necesariamente un problema. Debido a que pocas personas la han comprendido, está acostumbrada a manejar su vida interior por sí sola y prefiere que él no se entrometa o trate de entender. Él evita los problemas que no puede arreglar, así que quizás ambos aprenderán a aceptar esto y seguir adelante. Considerando todo lo anterior, ésta es una pareja muy buena.

De un Géminis:

Una casa rodante es lo ideal para el escurridizo Géminis y la mujer Cáncer amante del hogar. Si tienen que esperar a jubilarse para recorrer el mundo, ¿cómo serán sus vidas hasta entonces —asumiendo que permanecerán juntos tanto tiempo—?

Cuando inicialmente se interesan mutuamente, ella quiere saber si ha tenido problemas económicos en el pasado. Siempre tiene un ojo en su seguridad y mantiene el otro en él. Necesita saber que la ama ahora y para siempre.

Él tiene muchos amigos, socios y conocidos con quienes se mantiene en contacto y no está ajeno a coquetear un poco sólo por diversión. Esto hace estragos en su sensación de seguridad —¿cómo puede tener paz mental cuando él está siempre yendo de un lado a otro con quién sabe quién? A menos que tengan una inusual buena comunicación, se retraerá y usará la manipulación y la culpa para tratar de controlarlo.

Es un hecho que los hombres en general evitan hablar de los sentimientos, pero un hombre Géminis lleva esa mentalidad hasta el siguiente nivel. Él vive en su cabeza, no en su corazón, y ni siquiera desea visitar ese terreno. Si no se comunica o no escucha cuando ella necesita hablar, será herida profundamente y se esconderá debajo de su caparazón. Si tienen una charla, él discutirá las cosas en su forma racional y analítica y, a menos que ella sepa que a él realmente le importa, no descubrirá sus sentimientos sólo para mantener la conversación. En conclusión para esta pareja: no hay buenas posibilidades.

De otro Cáncer:

Podría necesitarse a un gran casamentero para lograr que se unan dos nativos de Cáncer. Tienden a ser cautelosos por el temor al rechazo. Ser reservados es otra inclinación que comparten, pero a medida que aumenta la confianza, se acercan aun más. Si se enamoran, el matrimonio será lo único que los satisfaga.

Sin duda se dedicarán a alguna causa para ayudar a los vulnerables. Podrían apoyar a una sociedad protectora de animales, trabajar por una legislación que proteja a los niños, o una que capture gatos para castrarlos, u ofrecer sus servicios en otras formas para ayudar a los desamparados. Éste puede ser un lazo que los une incluso si otras partes de la relación no están funcionando tan bien.

Desearán hijos o tal vez ya los tienen. Si conforman una familia mezclada, el estrés de adaptarse a los hijastros y resolver relaciones complicadas será un gran reto, pero estarán comprometidos a crear un hogar estable.

No hay límite en las cosas que disfrutan juntos: coleccionar cosas, redecorar la casa, la jardinería, los álbumes de fotos de la familia y la fotografía, cocinar, incluso charlar hasta tarde y quedarse dormidos.

¿Problemas? Que ambos tengan malos momentos al mismo tiempo y se retraigan a sus respectivos caparazones; que tratarán de satisfacer sus necesidades indirectamente a través de la manipulación; que se esfuercen demasiado en el hogar, el trabajo y la filantropía hasta el punto en que olvidan mantener vibrante su vida sexual. En general, hay mucho para recomendar a dos cangrejos con caparazones iguales.

De un Leo:
Si ella cocina a la carta, él irá a comprar con agrado los comestibles. Le encanta invitar amigos para compartir la buena comida y la conversación, y para presumir de su esposa talentosa y encantadora.

Pero, como dijo Shakespeare, aquí está el obstáculo —sus personalidades son bastante diferentes—. Ella es casi tan precavida como él es optimista. Prefiere llevar un presupuesto y manejar el dinero, pero un hombre Leo no acepta las restricciones económicas. A pesar de todo, él tomará decisiones. Si hace una inversión arriesgada, ella terminará con una tensión nerviosa. Si él compra un televisor de plasma para la sala cuando necesitan otro auto, ella mostrará su disgusto en formas sutiles pero efectivas.

Él es de buen ánimo y le gusta jugar y hacer bromas, pero si no tiene cuidado puede herir sus sentimientos, y lo peor es que ella no dirá nada. Es como si se retrajera en lugar de pelear en su defensa.

En el mejor de los casos en esta relación, él la protegerá del mundo cruel y ella le servirá y lo hará sentir como un rey. Eso no significa que ella no tendrá una propia profesión, pero aun así lo consentirá, mimará y atenderá porque en su naturaleza está cuidar a sus seres queridos.

Si él es del tipo arrogante y exigente, ella sufrirá en silencio y se retraerá en su caparazón pero siendo la gran escapista que es, él descubrirá un día que se ha ido en silencio.

De un Virgo:
Un buen trabajador que lleve a casa un sueldo estable es el tipo de hombre que una mujer Cáncer admira. Ella tendrá la seguridad de saber que él nunca estará sin trabajo y no dependerá de su apoyo. Ellos no derrochan el dinero, así que pueden ver crecer sus ahorros con satisfacción, evitando cualquier sorpresa en la bolsa de valores.

A ella le gusta coleccionar cosas —desde joyas antiguas o cristalería, hasta cerdos de cerámica o tarjetas postales—, así que siempre está buscando un lugar para exponerlas. Él es un tipo hábil con un martillo, con el que construirá estantes o incluso remodelará la sala familiar a fin de darle un lugar para que muestre sus tesoros. Esa es sólo una forma en que estos dos crearán un hogar cómodo que puedan disfrutar.

Con optimismo, ella no dejará que sus pequeñas críticas la hieran porque él puede ser un perfeccionista. Si se siente segura de ser amada, aprenderá a apagarlas mentalmente cuando sea criticada. No será tan emocionalmente cálida o generosa como desearía, y él podría tomar sus ataques de melancolía ocasionales como irracionales y tontos. Pero ambos saben que la vida nunca es perfecta y, a menos que haya otros problemas graves, éstas son sólo irritaciones que pueden aprender a tolerar. Una forma sería permitirse a sí mismos un tiempo libre para poder alejarse y disfrutar la necesitada soledad.

Si quieren hijos, podrán brindarles un hogar feliz con un futuro seguro. Esta pareja tiene más probabilidad que la mayoría para tener una relación satisfactoria y duradera si nada sale mal.

De un Libra:

Él no tiene que *entender* sus ataques de melancolía, sólo debe vivir con ellos, y un Libra es bueno para ignorar algo que no le gusta. Aprenderá a dejarla sola cuando necesita privacidad y no crear un problema por esto o pedirle una explicación.

Ella quiere que todo fluya armoniosamente, al igual que él. Estos dos pueden crear un hogar encantador que, para otros, parece ser casi perfecto. Debido a que ninguno quiere perturbar las aguas matrimoniales con algo desagradable, pueden adquirir el hábito de acumular su ira y no hablar de sus problemas. Con el tiempo, esto conduce a resentimientos que finalmente pueden destruir su amor.

Ella es generosa, pero si no confía completamente, y rara vez lo hace, puede retraer su afecto para protegerse. Él es más del tipo pensante y le gusta mantener la conversación alegre y animada. Estos dos en realidad no están en la misma onda, así que deberán trabajar al respecto, tal vez con un consejero. Si encuentran una forma de comunicarse *parte* del tiempo, tendrán una posibilidad.

Si eso no sucede, ella se retraerá y renunciará a la relación. Sin embargo, no decidirá terminarla, y tampoco él. Simplemente continuarán, viviendo sus vidas bajo el mismo techo, cohabitando y cooperando, pero no de forma amorosa. Lo interesante es que seguirán fingiendo que todo es magnífico. Nadie sabrá que se acabó hasta el final.

De un Escorpión:

Ella tiene un sexto sentido que capta las vibraciones de las personas. Cuando se acerca al hombre Escorpión apropiado, recibe una señal inequívoca: aquí está alguien al que quiere conocer. A medida que avanza la relación, sus sentimientos mutuos se profundizan. Podrían nunca expresarlos en palabras, pero ambos saben que hay un lazo poderoso entre ambos. Siente que finalmente ha encontrado a un hombre que la comprende, aunque tiene que enseñarle unas cosas antes de que eso pase.

1. Aunque la quiere toda para él, no puede estropear las relaciones con sus mejores amigas. Nunca renunciará a ellas para complacerlo y no cree que debería hacerlo.

2. Hay ocasiones en que ella necesita privacidad para meditar, escribir en su diario o simplemente mirar la luna. Debe dejar que tenga su tiempo privado sin tomarlo a pecho o creer que lo está alejando.

3. Él debe ser cien por ciento leal y fiel. Afortunadamente, a pesar de su reputación, un hombre Escorpión no se siente muy a gusto con el sexo casual. Eso no significa que no se perderá de vez en cuando, pero en su corazón, es leal. Es algo de este signo.

La lista de él sería así: (1) ser honesta; (2) ser auténtica; (3) ser fiel. En realidad sólo le importa eso. Todo lo demás puede manejarlo.

Él se protege al no permitir que alguien lo conozca realmente. Ella se protege ocultando su amor si está herida. Debido a que los conflictos destructivos deben ser sanados en un nivel profundo de sentimientos, y ninguno de ellos está dispuesto a compartir su dolor, es difícil resolver los problemas. Sólo porque nadie los oye pelear, no significa que sean felices en realidad.

De un Sagitario:
Aquí está un hombre que no la hará escoger entre él y su perro y, después de todo, ese es el más importante criterio de ella en una relación.

Ella es usualmente cautelosa, pero hay ocasiones en que deja atrás los temores y abraza sus sueños —como cuando conoce a un extravagante Sagitario quien la invita a subirse en la parte trasera de su motocicleta para hacer un viaje a través del país. Ella lo hace porque suena emocionante y porque siente algo por él y quiere estar en su compañía. Él desea ver nuevos lugares y tener una aventura. La relación continúa de este modo —él ignorando o descartando los sentimientos de ella, y ella a su vez ocultando su ansiedad—.

Las cosas se dificultan cuando él es demasiado honesto y deja escapar cosas que hieren sus sentimientos —puede ignorar la forma como sus palabras afectan a otras personas—. De nuevo, su actitud desdeñosa bloquea la intimidad que ella necesita para sentirse segura.

Ella anhela un hogar y una vida familiar, con o sin hijos. No quiere mudarse a otro estado o incluso a otro barrio. Para él, los objetivos y sueños no pueden ser vividos en un solo lugar, sin importar lo acogedor que sea.

Sin embargo, ella ha observado que nunca obtiene exactamente lo que quiere, y si lo ama, no terminará con él sólo porque insiste en sus propios intereses. Se aferrará a una relación que no es perfecta. Vive su propia vida interior mientras espera y anhela un final feliz.

De un Capricornio:
Estos dos representan la fórmula ideal de los padres de familia —amor y disciplina—. Ella colma a sus hijos de amor incondicional. Él cree en una disciplina firme para criar niños educados y buenos ciudadanos. Ambos valoran su hogar seguro y vida familiar, y este vínculo los mantendrá juntos a través de los tiempos difíciles.

Ella quiere seguridad por encima de todo y eso incluye una pequeña casa, sin importar cuán humilde sea, y, naturalmente, sus hijos y mascotas queridas. Después sigue una pareja dedicada y leal, y de ahí en adelante todo lo demás llena su lista.

Él también valora la seguridad, pero su deseo básico es trabajar el tiempo necesario y con el esfuerzo que se requiera para alcanzar la cima de su profesión.

Ambos quieren ser los que manejan el dinero, pero esto y otras cosas pueden negociarse porque los dos tienen el mismo fin en mente —su seguridad—. Van juntos a ver su consejero financiero y toman decisiones basadas en consejos sólidos.

Si se lo permite, él será el marido tradicional y ella el ama de casa que cuida todos los detalles que hacen armoniosa la vida. Es difícil creer que estos dos sean opuestos en muchas cosas y aún todavía estén juntos.

El egoísmo ocasional y la preocupación por el trabajo del Capricornio son aspectos difíciles para ella. Él no entiende que ella necesita sentir que la ama profundamente. Esta pareja permanecerá junta, pero con el tiempo pueden alejarse emocionalmente y cada uno llevar una vida interior separada. Sus amigos e incluso sus hijos creerán que tienen el matrimonio perfecto.

De un Acuario:

Lo primero que la atrae de un Acuario es lo cómico que es. Él la mantiene riéndose con su humor original y la forma inusual en que ve la vida. Ella tiene una risa distintiva que lo divierte y una gracia que armoniza con la suya.

La primera señal de problemas llega cuando él va a un lugar y ella quiere saber cuándo regresará. "Oh no", piensa él, "quiere que siga un horario". No le gusta sentirse limitado. Éste es el signo menos probable en darle lo que necesita para sentirse segura, así que con él, nunca lo estará. Él se resiste a cualquier presión a comprometerse, o incluso para expresar sentimientos profundos de amor. Receloso de los sentimientos, prefiere mantener una distancia emocional, incluso en una relación uno a uno. Ninguno está equivocado; simplemente son diferentes en sus necesidades y expectativas. Un corto pero divertido romance se ajusta mejor a ellos que tratar de construir una vida juntos.

Sin embargo, en las primeras etapas del amor, ella disfruta presentarlo a sus amigos porque él tiene un gran carácter. Tendrán muy buenos tiempos, pero si se casan, ella debe hacer modificaciones, porque él no lo hará. Cada vez que él cambia de trabajo, ella sufre en su sensación de seguridad. Si él cambia sus intereses o creencias, lo cual tiende a hacer, la confunde y de nuevo se siente insegura.

Incluso los amigos de él, que al comienzo eran divertidos e interesantes, se vuelven irritantes tarde o temprano. Ella se cansa de tener a alguien diferente siempre a su alrededor cuando lo que quiere es pasar tiempo sola con él. Éste es otro caso en el que ella extraña la intimidad emocional que desea pero que no sabe cómo crear.

De un Piscis:

Ambos están buscando un puerto seguro. ¿Pueden encontrarlo en cada uno? Los dos son almas apacibles que disfrutan las películas románticas y lloran en las partes tristes. Él necesita sentirse entendido más que cualquier otra cosa, y ella está ahí para ayudarlo —tienen una influencia mutua tranquilizante—.

Él es el menos favorecido en algunos aspectos, lo cual saca a relucir la naturaleza protectora de la mujer Cáncer. Ella podría preguntarse si sus sentimientos por él son más de compasión que de amor.

Estos dos tienen una comunicación no verbal y se adivinan los pensamientos entre sí. Pero los mensajes no verbales pueden ser mal interpretados y no reemplazan a una buena conversación. Él, en especial, no es consciente de cómo algunas de sus creencias invisibles podrían controlar sus vidas. Por ejemplo, pueden tener demasiadas deudas, pero él subconscientemente teme que si pagan todas las cuentas, ella podría dejarlo. Estos sentimientos son difíciles de descubrir y conducen a toda clase de malentendidos.

Ella tiene capacidades psíquicas que él entiende. Juntos pueden explorar estos intereses y ayudarse mutuamente a desarrollar su espiritualidad de forma positiva.

Como amigos, siempre estarán presentes, pero el matrimonio requiere solucionar problemas y lidiar con situaciones difíciles. Si ella siempre tiene que ser la fuerte, podría llegar a rechazarlo por la misma razón que fue atraída hacia él —su vulnerabilidad—. Debido a que ninguno está dispuesto a ser directo y abierto acerca de sus sentimientos y diferencias, no pelearán, pero tampoco estarán unidos.

La mujer Leo
Julio 23–Agosto 22

Una joven Leo es la estrella en su casa y el resto de la familia lo sabe. Aunque es una niña feliz y encantadora que irradia un brillo interior, también es difícil de controlar en ocasiones. Si le dicen que haga algo, piensa, "¿por qué me dicen qué hacer? ¿Por qué no puedo hacer lo que quiero?" Hay que enseñarle que alguien más toma las decisiones.

Tiene una caja rebosada de faldas aterciopeladas, boas de plumas, vestidos resplandecientes y joyas de colores que la transforman en la princesa que sabe que es. Le gusta crear obras de teatro, especialmente con niños menores que pueda dirigir de manera dulce pero firme a través de sus roles, y con ella como el personaje principal. Es amable, pero le gusta la sensación de ser más grande, más lista, más inteligente, y más adulta.

En la escuela, es una buena estudiante que busca el reconocimiento por su imagen encantadora e inteligente y sus logros. Todo lo que quiere es la aprobación del maestro, tener muchos amigos y ser amada y adorada por sus compañeros y profesores.

No es sorprendente que a la Leo adolescente le encante el glamour y las estrellas de cine. Mantener controlada la ropa de la joven Leo es un trabajo interminable para la mamá. Cuando estallan las hormonas de la adolescencia, la chica Leo se convierte en una reina del drama. Todo es glorioso o espantoso. Cada enamoramiento adolescente tiene una connotación de vida y muerte, como si su existencia dependiera de la aprobación de un muchacho.

Ella no está ajena a quitarle el novio a otra chica. Todavía no lo sabe, pero está en búsqueda de afirmación de su valor personal además de una sensación de superioridad. Aún tiene que aprender qué es justo en el amor. Podría gustarle el muchacho más popular o la estrella del equipo de fútbol sólo por la gratificación del ego —una forma de cubrir la duda en sí misma—.

A medida que madura, aumenta su confianza en sí misma. Desarrolla una buena capacidad analítica y es menos probable que escoja a un hombre por razones equivocadas. Todavía obtiene su sentido de importancia por parte del sexo opuesto y sus expectativas del amor aún son un escollo. Necesita tanto amor, reconocimiento y respeto, que puede pasar la mitad de su vida buscando al hombre que le dé todo eso —aquel cuyo amor y adoración dure para siempre—.

Su actitud optimista y valor la ayudan a superar muchas desilusiones y decepciones. Finalmente, aprende a examinar sus expectativas y reconoce que puede darse a sí misma amor y aprobación. Cuando ya no los necesita de un hombre, está lista para una buena y sana relación.

Es una persona amorosa y generosa. Lleva a su vecino anciano al doctor en la mañana, ayuda en la escuela elemental en la tarde, y le queda energía para preparar una cena deliciosa para su familia y revisar las tareas de sus hijos. No le gusta perder el contacto con nadie, pero finalmente aprende que las personas se alejan de su vida por razones a veces desconocidas, y deja de tratar de recuperar viejas amistades.

En el mejor de los casos, se ha convertido en el tipo de mujer que siempre admiró; la segura de sí misma que anima y ayuda a otros a tener éxito. Encuentra una forma de expresar su enorme creatividad, no para impresionar, sino por su propia satisfacción. Ha aprendido a amarse a sí misma.

La mujer Leo enamorada...

De un Aries:
Ambos pueden divertirse más que dos chiquillos en Disneylandia, y, en realidad, ¡ése es un lugar que no quieren perderse! Una vez que se ha relacionado con un hombre Aries, los otros signos parecen aburridos.

Al comienzo él es dedicado y ella se conforta con su amor y atención, pensando, ingenuamente, que siempre será así. Pero cuando el baile acaba y la música se desvanece, ya no está totalmente enfocado en ella. Un hombre Aries finalmente se aburre de todo, excepto por el juego de fútbol del lunes por la noche y divertirse con sus amigos.

Una mujer Leo no acepta ser rechazada por alguien o algo, así que no toma bien este giro de las cosas. Naturalmente, él no tiene ni idea y ella no vacila en hacerle saber lo que espera. Así comienza la lucha de las voluntades con estas dos personas que quieren ser las primeras y tomar el control. Él no está dispuesto a ceder, pero ella es más resuelta que él: después de todo, es su AMOR y su VIDA los que están en juego.

Con el tiempo llegarán a un acuerdo —o no—. Si él insiste en su libertad, ella la acepta de mala gana, pero siempre que sepa que la ama profundamente, y se lo demuestre al menos parte del tiempo, cambiará de actitud lo necesario en favor de la relación.

Si sus peores temores se hacen realidad y le es infiel, él tendrá un gato montés en sus manos, y no debería esperar una segunda oportunidad.

De un Tauro:
Estar en medio de los cuernos es un dilema, así se podría describir a una mujer Leo perdidamente enamorada de un toro que se resiste al cambio. Hay más que un toque de Hollywood en la forma en que una mujer Leo quiere experimentar el amor, pero sus expectativas románticas no durarán mucho tiempo cuando conozca realmente a un hombre Tauro.

Ella quiere el romance, la dulce charla, las cenas a la luz de una vela, sorpresas y todas las pequeñas cosas que se ajustan a su sentido del drama. Él sabe cómo evadirlo. La única vez que se pone dramático es cuando el periódico matutino no se lo tiran en el pórtico a tiempo.

Además, él no cambiará su opinión o sus hábitos, ¡ni siquiera por ella! Sólo hacer que se arregle para salir a un lugar agradable requiere persuasión, soborno o negociación.

Pero aun así, hay tanto que apreciar en este hombre: es confiable y cumple lo que promete, lo cual es edificante después de algunas de las experiencias angustiosas que ha tenido con los hombres. No es probable que él haga algo imperdonable que conduzca el matrimonio a la ruina. Además, a medida que envejece, más reconoce que la vida nunca va a ser perfecta, y una vez que ha encontrado un compañero fiel, no va a desecharlo sin hacer un gran esfuerzo.

En cuanto a él, aprenderá a hacer las pequeñas cosas que la hacen feliz, porque es suficientemente práctico para saber que es para su beneficio. El entusiasmo, la generosidad y la ternura de ella valen mucho para él. Tienen discusiones y pueden ser tercos, pero si están comprometidos, pueden resolver sus diferencias.

De un Géminis:

Una mujer Leo necesita saber que es la número uno para su hombre y que la valora y ama profundamente. Con un Géminis, esto no será evidente, porque sus acciones parecen contradecir sus palabras. Por ejemplo, siempre tiene muchos amigos, tanto hombres *como* mujeres. Prospera en sus contactos sociales, y puede hablar e interactuar con cualquier persona.

Tendrán tiempos difíciles hasta que ella acepte que él es como es y no puede cambiarlo. Sólo porque nunca va a tener toda su atención, no significa que no la ame; simplemente él vive en un ritmo rápido y necesita mantenerse en movimiento. Habla rápido, piensa rápido, probablemente ejerce dos trabajos y tiene al menos un interés o pasatiempo principal. Fascinante, sí, pero predecible, nunca.

Una vez que ella acepta su personalidad, puede decidir no ofenderse o herirse cuando él le dice que almorzó con una amiga y cuán interesante era, o cuando lo ve recorriendo la sala en una fiesta.

Sus diferencias no lo molestarán al mismo nivel, así que es ella quien se debe adaptar. Naturalmente, sobra decir que él *debe* ser leal —física y mentalmente—. Si lo es, pueden compartir sus numerosos intereses mutuos y tener mucho terreno en común para construir una vida juntos.

De un Cáncer:

A una mujer Leo le atrae un hombre Cáncer cuando él habla con orgullo de su mamá. Un tipo que aprecie a la familia se ha convertido en una prioridad para ella, pues su corazón ya ha soportado bastantes adversidades.

Ella descubre que él ha permanecido en un trabajo durante años y eso le llama la atención, aunque a veces se pregunta si podría ganar más dinero cambiando de trabajo. Ella también quiere seguridad, y por eso establecen una relación íntima y se instalan juntos.

Al principio es bueno. Él no sabe cómo decírselo, pero ella sabe que aprecia sus considerables esfuerzos por hacerlo feliz. Le gustaría escucharlo más a menudo, pero, sin embargo, se siente amada y necesitada por él. Además, comparte los oficios domésticos y el cuidado de los hijos sin discutir.

Más adelante descubre que puede ser malhumorado. Ella prefiere estar alegre y animada, así que trata de arreglar el problema. Tratar de averiguar lo que le sucede cuando no quiere hablar al respecto se convierte en una rutina agotadora. De este modo, la vida con él no es como ella creía que sería, pero al menos se siente segura de su amor. Si ella tiene un puesto de alto nivel y puede ayudarlo a tener éxito en su trabajo, la satisfacción que obtiene sumará mucho a su felicidad.

Por su parte, él tendrá que fortalecerse un poco y acostumbrarse al comportamiento autoritario de ella, porque humilde no es. Esta relación requerirá sacrificios y ajustes en ambos lados, pero de eso se trata el matrimonio.

De otro Leo:

"Yo te amo más".

"No, yo te amo más".

Ah, el sonido de dos nativos de Leo que han descubierto el secreto de una unión feliz. Los dos están muy contentos, consintiéndose, diciéndose lo maravillosos que son.

Ambos necesitan de elogios y escuchar "¡muchas gracias!" por sus buenas acciones. Si él es maduro, reconoce que ella tiene la misma necesidad de aprecio y reconocimiento. Ella, naturalmente, tendrá que dar lo máximo. Puede dominar a todos los signos excepto al hombre Leo. La testosterona dispara su necesidad de reconocimiento y aplausos, así que ella se ve más a menudo halagándolo.

Si es arrogante o exigente, ella necesita toda su nobleza y fortaleza para seguir adelante. Ninguna de ellas quiere sentir que está en una posición inferior. Ella aprende a dejarlo solo en tales ocasiones, lo cual es un castigo para él, porque sin una audiencia, está perdido.

Algo que podría minar el matrimonio de estos dos es el gasto excesivo y la deuda resultante en la tarjeta de crédito. Ambos disfrutan de las cosas bonitas y es difícil cuando ninguno se restringe.

Para ella su profesión es maravillosa, pero no tanto para él, especialmente si gana más dinero o tiene más prestigio, pero estos dos sólo se sienten bien con su compañía mutua. Comparten un sentido de la diversión y un disfrute de la buena vida. ¡Brindemos por ellos! ¡La multitud grita su aprobación!

De un Virgo:
Ambos necesitarán poner mucho de su parte si quieren tener una mejor posibilidad de permanecer juntos. Ella tiene un gran orgullo de sí misma y de su apariencia, así que es impactante oírla hacer comentarios no muy buenos acerca de su cabello, su traje o algo más.

Si él demerita sus sueños y los considera poco prácticos, van a presentarse problemas: ella está tratando de creer en sí misma y necesita que su pareja también crea en ella. Pero él tiende a analizar todo, y ni siquiera deja que una gota de optimismo nuble su juicio.

Otra cosa: ella no puede dejar de ignorar que él es tan "económico" como un suéter comprado en un almacén de descuento durante una venta de liquidación. La mujer Leo no soporta la tacañería. Quiere lucir maravillosa y vivir bien, por eso se le dificulta mantener un presupuesto. Esto puede causar muchas discusiones porque a él no le gusta malgastar y deplora la extravagancia.

Él es demasiado exigente cuando se inquieta por detalles pequeños que para ella no son importantes, y aunque su apariencia es de alguien estable, no tiene un sentido de su verdadero valor como persona. Ella cree que debe estar constantemente construyendo y protegiendo el ego de él, lo cual es algo aburrido para una mujer Leo.

Esta relación puede funcionar *si* ella aprende a no tomar las cosas personalmente —poco probable— y él aprende a *nunca* subestimarla en frente de otros —dudoso, en el mejor de los casos—.

De un Libra:

El hombre Libra no siempre es totalmente sincero —al menos sabe qué decir para hacer sentir bien a una mujer—. ¿Y si finge que todo es excelente cuando no lo es? Por lo menos no critica ni se queja como algunos otros signos. Con una mujer Leo, si el equilibrio de poder se inclina en su dirección, tanto mejor. Es probable que un hombre Libra la deje hacer su voluntad, lo cual ella sabe que no es debido a que sea mandona, sino porque tiene la razón.

¿Cuáles son los obstáculos con esta pareja? Primero, está la atracción que debido al encanto de él recibe del sexo opuesto. Una mujer Leo quiere ser la única estrella en su cielo. Luego está la reacción a la atención que *ella* recibe de otros hombres: ¿por qué él no está celoso? En realidad, lo está, pero no lo expresa; no quiere hacer una escena.

En el lado positivo, estos dos comparten el gusto por la belleza. Él tiene talento para la decoración, y los gustos de ella se inclinan a lo costoso, aunque elegante. Gastarán mucho dinero en su casa y harán reuniones con amigos y la familia para todas las ocasiones. Desafortunadamente, pueden gastar excesivamente y terminar con una enorme deuda en la tarjeta de crédito que puede afectar su nivel de vida ideal.

Tendrán sus disgustos, al igual que todas las parejas, pero usualmente podrán resolverlos, a menos que uno de ellos sea muy infeliz en el matrimonio. Si es él, habrá alguien esperándolo —no le va bien como solista—.

De un Escorpión:

El estilo sarcástico del hombre Escorpión es atrayente para una mujer Leo, quien se derrite por una personalidad dominante. Le gusta la forma en que él es tan inflexible respecto a lo que quiere y no quiere. ¿Por qué es que a veces los mismos rasgos que atraen a una mujer son los mismos que posteriormente la alejan?

Ella tendrá que aceptarlo como es porque no va a cambiar por complacerla —ni un instante—. Esa voluntad fuerte que admiraba puede ser usada —y lo será— en contra de ella en algún momento.

Es cálida y generosa con él y espera el mismo trato. No está preparada para aceptar que él olvide su cumpleaños. Necesita elogios y reconocimiento, pero él no da mucha importancia ni siquiera a sus logros sobresalientes. Él no es la clase de hombre que utiliza las palabras dulces y estimulantes que a las mujeres les gusta oír. Es el tipo que dice, "sabes que te amo, y no tengo que decirlo". En el caso de una mujer Leo, él no podría estar más equivocado.

La ira, las lágrimas, la presión —lo intenta todo pero él no se conmueve—. Él odia las escenas dramáticas, y se marchará si se siente muy presionado, sin darle la satisfacción de desahogar sus sentimientos por medio de una fuerte discusión. Si una pelea es realmente seria, él ignorará sus lágrimas y responderá a sus amenazas con un silencio total.

Lo que puede mantener a estos dos juntos es su lealtad mutua. Ninguno quiere intentar con otras personas. Necesitan a alguien en quien puedan confiar y, con optimismo, el hombre Escorpión es tan físicamente leal como lo es mentalmente. Tal vez ella nunca sabrá todo lo que sucede dentro del corazón de él, pero siempre que sientan ese lazo entre ellos, permanecerán juntos.

De un Sagitario:
¿Es un Sagitario el hombre ideal para una mujer Leo? Eso puede ser exagerado, pero él *sí* le hace brillar los ojos. Es generoso y cálido como ella, y se atraen debido al amor que cada uno tiene por la vida. Juntos sienten que pueden ser ellos mismos. Naturalmente, el amor de todos los demás parece perfecto y fabuloso desde la distancia, pero incluso estos dos tendrán sus retos.

Así como ella quiere flores de vez en cuando, él quiere pasar tiempo con sus amigos sin tener que dar explicaciones por estar lejos por unas horas. Ésa es sólo una concesión que tiene que hacer con este hombre inaguantable pero irresistible.

Él no tiene ni un poco de moderación a su alrededor; quiere hacerlo todo a lo grande ..., la forma como come, juega, gasta y bromea. Comparte el dinero con sus amigos o con alguien más que lo necesite. Si ella trata de ponerle límites, él encontrará una forma de evadirlos.

Él tiene la tendencia a abrir su boca antes de pensar, y a veces deja escapar la verdad demasiado honesta, y ella se hiere, especialmente en presencia de otras personas. Cree que sólo estaba bromeando, pero para ella no es divertido.

Si él es uno de esos arqueros que puede ser leal, ustedes serán el tipo de pareja que las personas señalan mientras tratan de convencerse a sí mismas que el verdadero amor es posible. Si no lo es, ella no va a ignorar sus galanteos. Luego él tendrá otra cosa grande en su vida —¡una gran cuota de manutención!—

De un Capricornio:
Una mujer Leo quiere a un hombre amante de la diversión, alguien que la haga reír y dé emoción a su vida..., cuando está joven. Después que ha tenido experiencia con el amor, empieza a mirar más allá de los buenos momentos y analiza lo que en realidad es importante. Los hijos estarán en la cabeza de la lista, a menos que haya llenado ese espacio con sobrinos o los hijos de su mejor amiga. En este punto de su vida, a la mujer Leo podría irle peor que juntarse con un hombre de Capricornio poco emocionante, pero estable y propenso a ser adinerado.

Ambos tienen personalidades fuertes, pero la de ella es básicamente alegre, mientras él sufre de duda "crónica". Es un buen trabajador que se esfuerza por mejorar su posición y alcanzar seguridad económica, y admira la forma en que ella maneja su profesión y el cuidado de los hijos.

Ella es mucho más cálida y generosa que él. Planea fiestas derrochadoras y le encanta recibir gente en casa. Él cree que esto, al igual que jugar golf, es sólo otra forma de hacer buenos contactos de negocios. Sin embargo, les gusta las mismas cosas, así sea por razones diferentes.

Con el tiempo aprende que si quiere ir a un lugar donde él no desea ir, puede tomar el teléfono y hacer preparativos con alguien más. Él podría no darle todo lo que requiere, pero ella es suficientemente inteligente para darse cuenta cuando obtiene lo que quiere. Siempre que sepa que es amada y respetada, puede vivir con el estilo de vida poco entretenido de él.

De un Acuario:

Un hombre Acuario es mentalmente atractivo y a la vez extraño. Es diferente, y ella no puede comprenderlo, así que de inmediato le atrae. Él parece ser su tipo: alguien que es interesante y le gusta salir y divertirse.

Ambos disfrutan de la gente y los eventos sociales, aunque por razones diferentes. A ella le gusta comprar un traje nuevo y lucir fantástica; le encanta ver a amigos y mantener vivas sus relaciones personales.

Él es un hombre divertido que convierte cualquier reunión en una fiesta y le gusta hablar y reírse con amigos. Le atrae el debate o la discusión. Tiene buena memoria para las trivialidades y una curiosidad interminable sobre la vida. Hay pocas cosas que no ha estudiado, leído, experimentado o al menos pensado, pero no se sintoniza con los sentimientos de la gente. Su sentido del humor es a menudo mordaz, y no le importa reírse a costa de alguien. Ella por el contrario siempre es consciente de los sentimientos ajenos y a veces se enrojece por las cosas que él dice.

Es más fácil que sean amigos que amantes. En realidad, ser amigos es fácil para un hombre Acuario; ser la mitad de una pareja romántica simplemente no es para él. Naturalmente, ella necesita más de un vínculo íntimo que él. Cuando discuten, a menudo es por su tendencia a hacer sus cosas solo.

Si trabajan juntos por un propósito en común, y eso puede incluir el hogar y los hijos, o una empresa, se requerirá de un esfuerzo sincero y un poco de sabiduría para que funcione, pero pueden hacerlo.

De un Piscis:

Un hombre Piscis es tan mimoso, que ella quiere apretarlo con un fuerte abrazo. Cuando la lleva a un lugar romántico y apartado, ella queda encantada —se derrite por el amor—, especialmente cuando descubre que es un oyente atento y comprensivo. Además, es cómico y la mantiene riéndose, lo cual ella adora más que cualquier cosa.

Él no necesita la aprobación de nadie, así que no competirá con ella para ser el centro de atención. Ella puede ser dominante en ocasiones, lo cual amenaza a muchos hombres, pero a un hombre Piscis no le importa si la mujer Leo toma las riendas del asunto. En realidad, le atrae su fuerza de carácter y probablemente espera que le dé alguna dirección. Ella es generosa y se siente feliz de ayudar a cualquier persona, así que se acoplan bastante bien en ese aspecto. Pero aunque ella es comprensiva, no puede mantener la compasión para siempre. Quiere un hombre del que se pueda sentir orgullosa, que sea fuerte en sus convicciones. Si se apoya demasiado en ella, su comprensión se agota y le pierde el respeto.

Podría surgir otro problema si él es uno de esos peces heridos y es un jugador peligroso. Ella puede ser herida profundamente si no se da cuenta que está participando en el drama autocreado de la vida de él. Este hombre es tan complejo que es difícil saber cuál es su verdadera motivación, y puede tomar mucho tiempo averiguar que no es lo que dice ser.

La mujer Virgo
Agosto 23 – Septiembre 22

Lo hermoso de la mujer Virgo es que siempre está cambiando y evolucionando. Es su naturaleza avanzar hacia la perfección, y aunque sabe que en realidad no es posible, eso no impide que luche por lograrlo.

Cuando es joven, tiende a preocuparse. Se preocupa por su cutis, su altura, su aspecto y peso. Si se desarrolla pronto, se inquieta porque no luce como las otras chicas. Si tarda en desarrollarse, se preocupa porque cree que nunca va a tener senos. Cuando se hace mayor, es la misma cosa; le intranquiliza el que nunca vaya a encontrar el amor, o que si lo encuentra, no dure.

Al madurar, se siente mejor con su identidad y más segura de sus capacidades. Comienza a aceptarse a sí misma, pero es un proceso que nunca termina, porque no puede dejar de verse cada defecto. No reconoce cuán competente es y lo bien que realiza todas las tareas que acepta.

Mientras madura en años y experiencia, analiza la forma en que manejó las situaciones, y la próxima vez mejora en ello. Se rigió por las reglas; por ejemplo, nunca quitó las etiquetas de las almohadas que decían, "no remueva so pena de la ley". No creía que eso la afectaría, pero no quería arriesgarse.

En lo que al amor se refiere, aprende a tomar su tiempo y ser más selectiva. Aprende con qué tipo de hombre puede ser feliz y a cuáles debería rechazar. Adquiere más confianza en sí misma, pero todavía subestima su atractivo.

Siempre ha trabajado —por necesidad— sí, pero reconoce que su trabajo es muy importante para ella. Siendo dulce, modesta y reservada, ¿quién sospecharía del alcance de sus capacidades? ¡Con seguridad no ella misma! Al pasar el tiempo, aprende a darse el mérito por su aplicación y talento, y ahí es cuando realmente se valora a sí misma.

Ser una mujer Virgo no es fácil, pero se hace más fácil con el tiempo. Mejora la forma en que se cuida y evita situaciones que no son apropiadas para ella. Ya no brinda su ayuda tan generosamente a todo el que la pide.

Con los hombres, ella es atraída primero por un encuentro de las mentes. El apego emocional viene después, si se siente segura y no se desanima por algo. Cuando encuentra el hombre indicado, es una compañera dedicada y fiel, dispuesta a hacer cualquier cosa en servicio de su ser amado. Sin embargo, eso no le impide querer mejorarlo. Aprender a aceptar las cosas y las personas como son es su mayor reto, y no obstante, es lo más valioso que puede lograr.

La mujer Virgo enamorada...
De un Aries:

Si una mujer usa una blusa blanca, de manga larga y botones, con una minifalda de cuero roja, sería como juntar una mujer Virgo con un hombre Aries —simplemente no van juntos—. No hay duda, él es emocionante, y hace que una mujer Virgo se sienta hermosa y la saca de su caparazón. Ella no necesita ser el centro de atención, pero es fascinada por alguien que lo sea. Pero, una vez que la pasión ha decaído, se pregunta qué tienen en común aparte de lo obvio.

Si él muestra su mal genio, ella se pone tensa. Si él conduce muy rápido, ella se pone nerviosa. Si están en medio de una multitud bulliciosa, se siente incómoda. Toda la experiencia empieza a afectar su sistema nervioso. Si están en un viaje por carretera, se preocupa si tienen suficiente combustible, o se pregunta si las llantas están en buen estado o si él trajo un mapa. Él no es de los que se prepara para una emergencia o considera esa posibilidad. Hace todo al máximo, y se ríe de las preocupaciones tontas de ella.

Ella se inquieta si él no usa su casco para andar en motocicleta o si se va de excursión sin un maletín de primeros auxilios. Nunca parece estar asustado o inseguro —y eso la atemoriza y la hace sentir insegura—. Lo que en realidad necesita es alguien tranquilo y calmado, un buen trabajador, como ella, que sea un poco más predecible. Un día se mirará en el espejo y se preguntará, "¿qué era lo que estaba haciendo?"

De un Tauro:
Ella no se aguanta ninguna infidelidad, y es más probable que un hombre Tauro sea más fiel que la mayoría. Usualmente él no arriesgará su seguridad siendo promiscuo. Éstas son dos personas prácticas cuyos conceptos generales del mundo concuerdan. Sus valores consisten en trabajar con dedicación, cumplir las promesas, cuidar de las cosas, pagar las cuentas a tiempo, ahorrar algo para el futuro . . . nada emocionante, sólo los elementos de una vida estructurada y ordenada.

No exigirá la atención que algunas mujeres necesitan, o dejará de admirarlo porque quiere permanecer en casa mucho tiempo. Él le demuestra cuánto la ama trabajando con esfuerzo. Rara vez se le ocurre llevarle flores, y ella no espera eso de él.

De vez en cuando, ella disfruta de una discusión intelectual, pero a menos que el tema le concierna directamente, él no es un buen hablador. Por eso, tal vez ella deberá recurrir a sus amigos más verbales. Un gran inconveniente para ella es que él use ropa vieja y fea en la casa y no se afeite los fines de semana. ¡Pronto lo pondrá en su sitio! Para él, lo desanima el hecho de que ella trabaje demasiadas horas. Quiere comer a cierta hora y no se contenta con una cena a medias. Pero ella, siempre eficiente, quizás tiene algo en el congelador —preparado en casa— para ocasiones como esta.

Juntos pueden tener una vida feliz. Él aprecia su buena mano con las plantas, y ambos disfrutan de la jardinería, incluso si sólo están cultivando tomates en el patio.

De un Géminis:
En el fondo él es un chiquillo que necesita disciplina como sólo una mujer Virgo puede proveer. Para ella, la honestidad y la integridad son

los pilares. Aunque él no es exactamente deshonesto, se adapta a cualquier rol que las personas quieren que tenga y es tan hablador y variable, que no se sabe cuál es la verdad.

Las cosas que a ella le molestan: personas que hacen locuras que no tienen sentido y los que siempre llegan tarde o no aparecen. Eso es él.

Las cosas que a él le molestan: personas tensas de comportamiento obsesivo y que mantienen la casa limpia a toda hora. Eso es ella, ¿ve la tendencia aquí? Aunque tengan mucho en común, cada día es un desafío.

Ambos son muy inteligentes. Les gusta leer, aunque ella prefiere los libros de autoayuda o buena literatura, y él las páginas deportivas o informarse sobre uno de sus muchos intereses. Disfrutan viajar, pero a ella le gusta planear bien y hacer reservaciones, mientras él quiere ponerse en camino y decidir dónde quedarse una vez que lleguen. Ambos son buenos con sus manos y disfrutan las artes y los pasatiempos. Ella trata de hacerlo a la perfección y queda insatisfecha con los resultados; él lo hace rápidamente y se contenta con lo que ve.

Ambos cambian de trabajo con frecuencia, pero ella siempre tiene una buena razón para hacerlo: a él simplemente le gusta el cambio. Si toman caminos separados, ella puede quedar con el corazón roto, pero al menos se alegra de deshacerse de todas sus cosas que estaban atestando la casa. ¡Algunas cosas se sienten tan bien como un orgasmo!

De un Cáncer:
Cáncer es uno de los mejores signos para una mujer Virgo. Ambos adoran los niños, y quieren al menos un animal para cuidar y amar, aunque ella se encargará de la mayor parte del cuidado. Lo único en que insiste es que no huelan mal —las mascotas *y* los chiquillos—.

Él es otro hombre al que le gusta holgazanear en la casa vestido en ropa vieja y fea. Si ella le habla dulcemente —para no herir sus sentimientos— para que él sea pulcro, podría serlo. Si se niega —bueno, ella no quedará satisfecha—.

Ambos aman su hogar y aprecian la paz y la tranquilidad. Ella es feliz con alguien a quien pueda mimar y servir, y él simplemente se complace. Ella mantiene la casa ordenada, aunque trabaje y tengan turnos para cocinar.

Pueden tener éxito a cargo de una empresa porque se complementan con los talentos de cada uno. Él es un planificador con don de comunicarse con la gente, y ella lleva bien las cuentas, y maneja los detalles. Ambos son buenos administradores del dinero.

Ella sabe mucho sobre nutrición y salud y lo regañará respecto a su dieta o qué tanto bebe. Él es reservado y un poco sigiloso y se guarda las cosas para sí mismo. Si ella acepta su privacidad sin pensar que es porque no la quiere, él la amará aun más. Tal vez hasta se pondrá una camisa.

De un Leo:

Un hombre Leo puede ser el sol en la vida de esta mujer. Simplemente la hace sentir bien. Ella cumple primero con el deber, y a menudo no toma tiempo para disfrutar la vida. Él puede mostrarle cómo se hace; entona una canción alegre y, antes de que ella se dé cuenta, también está tarareándola. Sabe cómo hacerla sentir amada y apreciada, ¡justo lo que necesita con desespero!

Ella expresa su amor haciendo cosas para su compañero, así que con mucho gusto lo espera, arregla la casa, hace las comidas e incluso prepara la tina. Si se convierte casi en una criada para él, al menos tiene un jefe generoso. Está contenta en un rol de apoyo siempre que se sienta amada. Él necesita reconocimiento y por naturaleza ella protege su ego.

¿Y el lado negativo? Si ella no es agradecida o no lo elogia lo suficiente, el león no estará contento. Ella tiene la tendencia a encontrar defectos y su crítica, aunque es bien intencionada, lo herirá más de lo que se imagina. Sería prudente que se mordiera la lengua y ahorrara sus comentarios críticos para asuntos importantes. Por su parte, él gastará mucho dinero en artículos costosos que ella no cree que necesiten o puedan pagar. Pero luego la elogia cuando ella cree que no ha hecho nada —y en realidad ha hecho mucho—, y necesita a alguien que se lo indique; o hace algo con sus propias manos, algo muy especial, sólo para él. Y así deciden seguir adelante.

De otro Virgo:

Estos son dos trabajadores obsesivos sin lugar a duda. La pregunta es, con sus horarios tan apretados, ¿tendrán tiempo para verse? Tal vez, pero su cita el sábado en la noche quizás es en el gimnasio. Debido a que son más intelectuales que físicos, abandonan de seguido sus programas de ejercicios y luego los reinician sintiéndose culpables. Aun así, saben lo que deben hacer para permanecer sanos.

Ambos son muy inteligentes e intelectuales y disfrutan leer, los crucigramas y juegos de palabras. Hay algo en lo que siempre están de acuerdo, y es lo importante que es su trabajo: ambos se juzgan por su desempeño en el trabajo. Cuando alguno tiene que trabajar hasta tarde, viajar o invitar al jefe a cenar, el otro entiende.

Ambos son peculiares con respecto a sus comidas. No significa que tienen el mismo gusto, sino que cada uno tiene sus propias opiniones definidas. Incluso pueden consumir comidas totalmente distintas. Mantienen un hogar exigente y ninguno se conforma con menos. Los dos son fanáticos de algo —por ejemplo, la ropa de él es colgada en grupos semejantes con las perchas espaciadas exactamente dos pulgadas, y ella mantiene las toallas amontonadas y clasificadas por color—, cosas compulsivas como ésas, pero se *entienden* el uno a otro.

Ninguno es particularmente fácil para convivir. Siempre están buscando formas de mejorar . . . ¡su pareja! Ninguno necesita a ese alguien que señale *sus* defectos. Sin embargo, aquí están dos personas que saben lo que significa *trabajar* en el matrimonio, así que incluso cuando las cosas se ponen difíciles, ninguno se rendirá. Sólo remangan sus camisas y vuelven a trabajar.

De un Libra:
Cuando un hombre Libra aparece, vestido muy elegante para impresionar y oliendo tan bien, ella casi que quiere saltar sobre él. Cuando habla, se interesa aun más porque es naturalmente inteligente y atento.

Ambos se atraen mutuamente de inmediato —ella con su sonrisa dulce y porte agradable, y él con su encanto y atención—. El hombre Libra la lleva a eventos sociales a los que ella nunca iría por su cuenta. Colgada de su brazo, se siente más atractiva y segura de sí misma. Los amigos que él tiene, que son muchos, ahora son también de ella, y disfruta las fiestas como nunca antes. Usualmente contenta en un segundo plano, ahora mira la vida, y así misma, de una manera un poco distinta.

Ambos se interesan por la apariencia y por lo que la gente piense de ellos. Ella se adapta a lo que él quiera, desde una chica normal, hasta una dama sofisticada. Él es ingenioso y siempre sabe qué debe decir.

La gente dice que ella es difícil de complacer, pero no lo es para un hombre Libra; él parece tener la respuesta. Su vida íntima puede ser más tierna que apasionada, y eso puede ser lo ideal para ambos, y nunca se ofenderán por ser toscos o poco refinados.

Él no la criticará, gracias a Dios, porque ella se critica a sí misma más que suficiente. Si averigua que no ha sido totalmente honesto con ella, se sentirá muy herida. Ambos tienen dificultad para expresar la ira, pero si él es infiel, ¡ella encontrará la forma!

De un Escorpión:

¡Déjele a una mujer Virgo la misión de resolver el enigma del hombre Escorpión! Si alguien puede hacerlo, es ella. En realidad, nadie puede, pero ella tiene más posibilidad que todos.

¿Qué hay de la vida sentimental de estos dos? ¿No es él la máquina sexual, y ella la virgen? No es tan confuso como parece. Un hombre Escorpión no es más adicto al sexo que cualquier otro signo; sólo lo toma más seriamente. Tener sexo es dejarle a alguien conocer cosas personales que podrían ser usadas en su contra posteriormente.

Ella no es la virgen eterna; es un ser terrenal tan sexual como la mayoría de los signos —más que muchos—. Sin embargo, estos dos no pierden la cabeza durante el sexo. Él se controla y parte de ella permanecerá intocable, así que ambos presentan una cierta limitación. No obstante, pueden tener una vida sexual satisfactoria.

Ella puede ser herida por su frialdad, porque necesita más estímulo y amor de lo que él puede darle. Sin embargo, él tiene la capacidad de ser leal, así que ella tiene que recordar que la fidelidad es más importante que un beso, una caricia o un obsequio el día de San Valentín.

Ella puede hacer comentarios que lo hieren profundamente y que él nunca olvidará. Pero cuando está enamorada, es dedicada y hará cualquier cosa por su pareja. Simplemente tienen que mirar más allá de sus mutuos defectos y de esa forma encontrarán lo que han estado buscando: una pareja amorosa y leal.

De un Sagitario:

Una mujer Virgo pierde su cordura cuando se enamora de un hombre Sagitario: se indispone por ser tan concienzuda y se cansa de ser tan seria todo el tiempo.

Sin importar lo dispuesta que esté para disfrutar de los buenos momentos, nunca llegará al nivel de espontaneidad que él presenta. Ella lo acompaña a una "fiesta" en una bañera, a una aldea mexicana, a un festival de cine, a un concierto de *Grateful Dead,* a una playa nudista —bueno, tal vez no a una playa nudista, pero de todos modos tiene muchas aventuras memorables con él—. Sin embargo, cuando se trata de los detalles importantes, estos dos se encuentran a kilómetros de distancia en lo que se refiere a la personalidad, el estilo de vida y las necesidades básicas.

Él quiere que viaje de un momento a otro, pero ella necesita semanas para organizar sus compromisos. Ella planea y se preocupa por todo, mientras él está listo para lanzarse al ruedo. Ella disfruta los viajes con guías y mapas en la mano; él odia este tipo de limitaciones y el horario a que hay que someterse. A él le gusta escalar montañas y navegar en las corrientes de aguas rápidas, pero ella prefiere leer al respecto en lugar de viajar a esos sitios.

La mujer Virgo busca promesas en el amor, pero desgraciadamente, con un hombre Sagitario, esas palabras dulces y amorosas no aparecen. En realidad, él parece tener una capacidad extraordinaria para decir lo equivocado. En poco tiempo, están lanzándose adjetivos como "irresponsable" y "difícil de complacer".

Ella no está diseñada para este hombre "que necesita su libertad", y si él la hiere o decepciona constantemente, puede empezar a darse cuenta que no vale la pena la tensión que le causa en su sistema nervioso. Incluso si está enamorada, todavía tiene que ser capaz de vivir a su lado.

De un Capricornio:

Una pareja Virgo/Capricornio tiene una cita fija cada semana... para comparar compromisos y poner al día sus calendarios. Puede no ser el tipo de vida que todos quieren, pero funciona para ellos. Al menos es poco probable que uno haga mala cara porque el otro pasa demasiado tiempo en el trabajo. Hay muchas cosas en las que estos dos son similares:

Ella disfruta de recibir obsequios útiles, por decir algo, una computadora portátil o un "Palm Pilot", incluso un libro o una aspiradora. Él es el más probable en gastar su dinero sabiamente en tales cosas.

Ella quiere planear para el futuro —él ha tenido un plan para su vida desde que estaba en el jardín infantil—. Ella tiene la necesidad de ser útil y no se imagina no estar trabajando. Él desea salir adelante y ahorrar para el futuro. Ella se cuestiona cuando va de compras y analiza cada adquisición: ¿Es práctico? ¿Es de calidad? ¿Durará? Las mismas preguntas que él haría.

Pueden no alcanzar las alturas bienaventuradas de la pasión, pero de nuevo, ¿quién dice que no lo harán? Ambos son prácticos y tienen un instinto animal innato, aunque parecen muy conservadores para el observador casual. Ella puede administrar una familia, manejar el presupuesto y criar a los hijos de una manera tan magistral, que incluso el exigente hombre capricorniano debe quedar impresionado.

El peligro de esta relación es la vida descompensada: demasiado trabajo y poca diversión. Al final, cuando se paga la hipoteca y todavía tienen años para disfrutar de su retiro, ellos tienen la última palabra.

De un Acuario:
Una mujer Virgo cree en seguir las reglas, mientras un hombre Acuario nunca ha enfrentado una norma que no quiera romper. Ella es puntual y ordenada, mientras él llega tarde o nunca aparece.

Para ella, algunos de los planes del acuariano le parecen poco realistas, y es la única que ve los malos detalles. Por lo general es humilde y le falta algo de confianza, así que él queda desconcertado cuando expresa uno de sus comentarios intencionados sobre el problema en su forma de pensar o el inconveniente en sus planes.

Siempre está lista para ayudar voluntariamente a una causa en la que cree, y a menudo, él hace lo mismo. Si se ponen de acuerdo en a quién ayudar y cómo hacerlo, pueden usar sus instintos humanitarios como un vínculo común sobre el cual construir una vida satisfactoria.

Él se une a grupos para conocer gente del mismo parecer y discutir cualquier tema. A ella no le molesta asistir a reuniones cuando tienen un objetivo o propósito, así que se involucra en los grupos de él. No le atraen actividades puramente sociales, pero con él, tiene a alguien que rompe el hielo y la ayuda a sentirse cómoda.

Ambos son buenos para debatir y defender sus ideas, pero ella puede tomarlo personalmente y sentirse atacada, mientras él es imparcial y disfruta desacuerdos estimulantes. Cuando las cosas salen mal, ella se echa la culpa y él no se complica con la situación y sigue con su vida. Éste es un romance que no fue hecho en el cielo, a menos que fuera así para que aprendieran la tolerancia.

De un Piscis:
Una mujer Virgo quiere ser servicial y un hombre Piscis la acepta con agrado. Ella está dispuesta a hacer lo que pueda para ayudarlo, así que consigue el CD que él ha estado buscando, cuida su perro cuando sale de la ciudad o le arregla el apartamento. Se siente subconscientemente atraída por hombres que buscan una mujer fuerte para apoyarse.

Es cierto que no todos ellos son necesitados; pero viven en su propio mundo y la mayoría de las personas tienen problemas para seguir sus procesos de pensamiento. Pueden estar súper animados, o demasiado tristes. Él puede tener una gran intuición, o una desastrosa adicción. De cualquier forma, la complejidad de su vida interior no concuerda con las responsabilidades cotidianas.

¿Puede esta mujer práctica ser feliz con un soñador y desorganizado? Ella puede descifrar una personalidad complicada más rápido que la mayoría, pero con él —bueno, tiene una mayor posibilidad de entender la teoría de la relatividad—.

Se la llevan bien y se sienten a gusto, en algunos aspectos, por ejemplo en la cama, son compatibles. En otros aspectos, los problemas acechan. Si él presta dinero en forma generosa a cualquier amigo necesitado, ella le recuerda sus propias responsabilidades. Cuando lo regaña, él escapa a un lugar más tranquilo. Si allí encuentra a una mujer comprensiva que muestre compasión por su situación, eso está mal. Si regresa a hablar de sus desacuerdos y los resuelven, está bien —y puede ser un nuevo comienzo—. A menudo hay un lazo fuerte entre estos dos que los mantiene juntos, incluso en los momentos difíciles.

La mujer Libra
Septiembre 23—Octubre 22

Cuando era pequeña, la mujer Libra era la niña bonita de la escuela quien jugaba y se llevaba muy bien con todos. Era popular y podía persuadir a los otros niños en forma amable y convincente, para que hicieran lo que ella dijera. Actuaba como una pequeña princesa, y siempre esperaba con ilusión casarse con su príncipe.

A los tres años de edad, le gustaba ponerse un traje de fantasía y unos zapatos brillantes para una fiesta. Sorprendía a su mamá recordando el nombre de todos los invitados, incluyendo a los adultos y a sus acompañantes. Su precoz interés en la gente y su afinidad por las cosas bellas permanecerían con ella durante toda su vida.

Durante la adolescencia es una buena estudiante, a menudo toca un instrumento y le gusta leer, pero sus estudios no se comparan con su interés por la gente, los muchachos en particular, y su preocupación por el maquillaje, los peinados y la ropa. Sabe cómo sacar el mayor provecho de su belleza natural. Es simpática y afable, y deja que sus amigos decidan cuál película ver o dónde comer. Pocas veces permite que las personas sepan si está deprimida o le falta confianza en sí misma.

Al madurar, la obsesión que tuvo con la ropa cuando era adolescente da paso a un verdadero talento por ver lo bello y armonioso en la decoración, las joyas, el arte y los accesorios —cualquier cosa con la que pueda expresar su estilo y sofisticación—. En algún momento, ayudará a otros a adicionar belleza y elegancia a sus vidas, ya sea por medio de la profesión o como pasatiempo.

Su dilema es que aunque es muy femenina, piensa como un hombre y sabe lo que quiere. Mientras madura, perfecciona sus capacidades diplomáticas y aprende muy bien cómo manejar a las personas — por una parte, es como una reina de belleza y por otra, como abogada implacable—. Primero deslumbra con su belleza, luego impresiona con su mente rápida, y, finalmente, cierra el trato con las palabras apropiadas.

Ella sabe cómo jugar el juego, y eso incluye el juego del amor. Conseguir un hombre no es el problema; a menudo es el permanecer satisfecha con lo que tiene. Quiere lo mejor que la vida ofrece —una casa hermosa, muebles finos, dinero, más un compañero amoroso y generoso que impresione a sus amigos y parientes, que sepa lo que ella necesita para ser feliz y se lo brinde—. La mayoría de los hombres jóvenes, y muchos de más edad, no pueden ofrecer todo eso.

En su búsqueda del Sr. Perfecto, se involucra con hombres casados, sostiene relaciones monógamas, e incluso relaciones con varios hombres al mismo tiempo. Prueba diferentes estilos de vida y pasa de un extremo al otro tratando de encontrar el equilibrio en sí misma y en su vida.

Puede aconsejar en forma sabia a sus amigos, pero tiene problemas para seguir sus propios consejos. A pesar de su belleza, no se siente del todo segura porque es muy consciente de cómo es percibida por la gente. Siempre hay algo que mejorar, o alguien nuevo a quien impresionar.

En su sabiduría como mujer madura, sabe suficiente acerca de sí misma para reconocer que gasta demasiada energía en ser lo que otras personas quieren que sea. Sabe que no puede encontrar autoestima en una relación. Una vez que deja de esperar por un hombre que le dé todo, ha entrado a una nueva fase. Comienza a cultivar su mente y encuentra el éxito en una profesión apropiada para ella. Ha perfeccionado su imagen externa y ha desarrollado paz y armonía interior. Ahora está consciente de su deseo profundo de intimidad y puede comprometerse con un alma que no sea tan principesca. Aquí es cuando puede cumplir su destino y estar en una verdadera unión como mujer amorosa y generosa. Si las cosas no funcionan, sabe como sobrevivir, reconoce su fortaleza y sabe que puede cuidarse.

La mujer Libra enamorada...

De un Aries:

Los opuestos siempre se atraen, pero nunca tanto como cuando una mujer Libra, el signo más femenino, se encuentra con un hombre Aries, el signo más masculino. Antes de que ella diga, "¿debería o no debería?", ya está enamorada.

Con él, no tiene que preocuparse por ser presionada para tomar una decisión; él las tomará todas, pero deberá no confundir la buena naturaleza de ella con ser una persona muy fácil de dominar. Su mano de hierro está en un guante de terciopelo y él ni siquiera sabrá que está siendo manejado cuando ella lo persuada amablemente para que vea las cosas a su modo.

Él podría poner en práctica el tacto de la mujer Libra. Ella se horroriza al ver que él no parece notar o preocuparle el efecto que tiene sobre las personas con su arrogancia, incluyéndola a ella. Necesita ser tratada amablemente, pero él no es exactamente el Sr. Sensible, y puede herirla sin darse cuenta.

En cuanto a él, estará perplejo y sorprendido cuando descubra que ella tiene rencor por algo que ya consideraba del pasado. Si él ya lo olvidó, ¿por qué ella no puede?

Él terminará las frases de ella, hablará de sí mismo toda la noche y no le dará tiempo de tomar una decisión bien pensada. Por su parte, ella le pondrá a prueba su paciencia cuando se demore una eternidad en decidir qué ordenar en un restaurante, o cuando no le diga lo que realmente piensa hasta que es demasiado tarde. No son los resultados esperados, pero puede funcionar si ella practica mucha tolerancia.

De un Tauro:

A ella le encanta salir, ser vista y conversar con la gente bella. El hombre Tauro es más del tipo de ir a los bares o jugar billar, y disfruta de reuniones casuales donde puede vestir ropa cómoda. Al comienzo, él asiste a fiestas y va a lugares con ella, pero cuando la relación progresa, empieza a crear excusas porque en realidad prefiere quedarse en casa y ver deportes comiendo pollo. Éste no será un dilema fácil de resolver porque ella no va aceptar que él se quede ahí sentado.

La actitud pasiva que él toma puede frustrarla, porque la conversación estimulante es uno de sus mayores placeres. Él no entiende con claridad lo que sucede en la mente complicada de la mujer Libra, porque sus necesidades son más simples: un ingreso seguro, buena comida, una vida doméstica tranquila, buen sexo. No tiene idea de cuánto valor, energía y propósito hay detrás de su dulce apariencia exterior.

Sin embargo, cuando están en casa, sólo los dos, comparten el gusto por la comodidad y la belleza. Cuando ella crea el ambiente con música suave, perfumes, aceites para el baño y sábanas de raso en la cama, él está dispuesto a hacer casi todo, ¡y tendrá que hacerlo si quiere mantenerla feliz!

De un Géminis:

Para una mujer Libra, este hombre es como un tornado acercándose a una ciudad: nunca sabe por dónde pasará. Él es inquietante y fascinante al mismo tiempo.

Les gusta comparar ideas y hablar de todo, desde el precio de la gasolina hasta el lugar donde prefieren comer. Pueden quedarse toda la noche escuchando y hablando. Ella escucha más y él habla más, ¿qué hay de nuevo?

Él tiene el presentimiento que ha encontrado la mujer perfecta, suficientemente lista para ser interesante, y también dulce para amar. En una cita posterior, él se dará cuenta de que más allá de su comportamiento suavemente femenino existe una voluntad fuerte, y sin importar que tan amablemente lo haga, siempre parece hacer lo que quiere. Pasará mucho tiempo antes de que él lo comprenda.

El mayor problema que enfrentan ocurre cuando ella pierde la confianza en él —uno de los riesgos al juntarse con esta clase de hombre—. No significa que mienta, pero cuando ve cómo puede manipular fácilmente cualquier situación para su ventaja, ella empieza a tener sus dudas acerca de su sinceridad. Tratar de mantenerse al tanto de lo que hace —y de lo que va a hacer después— es mucho trabajo para la mujer Libra, y también afecta su sistema nervioso; ella no creía que esto sería así de difícil.

Sin embargo, pueden ser grandes amigos, y si alguien sugiere un plan en el que ambos puedan estar de acuerdo, lo estarán —pero tal vez esto requerirá de todas sus capacidades diplomáticas—.

De un Cáncer:
Estas dos personas disfrutan el tomar la delantera —pero ninguna puede admitirlo— lo cual puede conducir a toda clase de malentendidos y sentimientos heridos. ¡Si tan solo pudieran revelarlo! Él reprime sus sentimientos, así que nadie sabe qué lo ha perturbado. Ella por su parte no quiere dar señales sacando a colación temas desagradables, así que nadie sabe que está molesta. Toda esta inquietud controlada puede poner en peligro este matrimonio. ¿Se pregunta por qué?

A veces una buena discusión es lo que se necesita para remover sentimientos negativos y malentendidos. Por desgracia, eso no está en ninguno de sus enfoques. Es más probable que sea una explosión de ira corta y desagradable seguida por un silencio total. ¿Dónde está el teléfono del psicólogo?

A ella le gusta arreglarse y salir a pasear, pero él es hogareño. Si puede lograr que se ponga la ropa nueva que le compró, seguramente con sus encantos femeninos lo convencerá de ir al baile. ¿Tal vez si le prepara un pastel de cereza? En realidad, ¡eso podría funcionar!

Sin embargo, hay momentos en que están de acuerdo. Ella tendrá su casa asombrosamente decorada con colores armónicos y patrones sutiles —incluso limitada en su presupuesto puede hacer maravillas— y a él le encantará.

Sus dos grandes dificultades: (1) a ella le gusta comprar cosas hermosas, y él es, digámoslo de esta forma, ¿tacaño? (2) Él necesita estímulo tierno, y ella no siempre está con el ánimo de complacerlo.

De un Leo:
¡Ella cree que nada es demasiado bueno para ella y él está de acuerdo! Hacen un buen equipo. Disfrutan estilos de vida similares y comparten un gusto por el lujo y la buena vida. En los mejores casos, adquirirán posesiones hermosas, ropa costosa y una casa que con orgullo mostrarán a sus amigos.

Ella lo colmará de atención y adoración, y él, a su vez, le dará obsequios costosos y pequeñas sorpresas "sólo porque te amo". Las finanzas serán un problema si acumulan deudas demasiado grandes en las tarjetas de crédito o gastan más allá de sus recursos.

Él la ama por su inteligencia y atractivo y la exhibe orgullosamente cuando salen. Se molesta en una fiesta si cree que está llamando demasiado la atención de otros hombres. Ella lo tranquiliza amablemente diciéndole que sólo está siendo sociable y, asumiendo que es veraz, él vuelve a la normalidad.

Ella lo estimula cuando duda de sí mismo, y sí, a pesar de sus egos, los hombres Leo *dudan* de sí mismos. No le molesta hacer cosas por él o ser la que usualmente cede, porque él le demuestra cuánto la ama de muchas formas.

Éste es uno de los mejores signos para una mujer Libra, y es algo afortunado, porque ella fue demasiado bienaventurada en el primer brillo del romance para equilibrar lo bueno y lo malo y tomar una buena decisión. Para ella, la vida es más simple de esa forma.

De un Virgo:

"¿Cómo puede ser tan cruel conmigo si me ama?" No es fácil para una tierna mujer Libra ser criticada por su compañero Virgo porque ella se esfuerza por hacer todo bien, pero él tiene sus ideas claras de cómo *deberían* ser las cosas y la costumbre de señalar defectos. Ella no puede recibir mucha crítica, aunque sea bien intencionada. Es sensible a lo que la gente piensa de ella, y no puede simplemente restarle importancia.

Necesita un verdadero compañero que la acompañe a los muchos eventos, reuniones y fiestas a los que ella le gusta asistir. No quiere ir sola, pero si tiene que llevarlo contra su voluntad, no va a estar feliz, ni tampoco él.

Pronto descubrirán que sus mentes funcionan de manera diferente. Aunque respetan la inteligencia de cada uno, su hábito de vacilar "sí, no, tal vez" en su camino a una decisión, es una pérdida de tiempo valiosa para él, quien llega a una decisión lógica y luego actúa sobre ella, tan simple como eso.

En el lado positivo, él admira sus habilidades artísticas y decorativas, y ella aprecia su capacidad de remodelar la habitación de la familia o construir una unidad de almacenaje. A ambos les gusta un ambiente ordenado y ella no es feliz en entornos que no sean hermosos.

Tal vez si aprende a ignorar sus comentarios crueles, y él acepta acompañarla a ciertos lugares al mes, pueden mantener fuera de la condición crítica esta relación que no es tan fácil.

De otro Libra:
Es asombroso cuánto pueden realizar juntas estas dos personas talentosas. Pueden dirigir una empresa, decorar la casa, trabajar en un comité o hacer una fiesta, y hacerlo con aptitud especial y sobresaliente. Usan su inteligencia y buen gusto para realizar cualquier proyecto en el que se comprometen, lo cual los convierte en una pareja muy solicitada.

Ella aprecia a un hombre que sepa cómo presentar un aspecto impresionante, uno que sea pulcro y con un aroma agradable. Naturalmente, sabe cómo vestirse para cualquier ocasión y siempre luce fantástica. Juntos podrían ser el rey y la reina del baile de ex-alumnos, aunque ya estén un tanto mayores.

No es fácil decidir a dónde ir después del baile. Llegar a una decisión mutua puede ser un proceso largo, debido al análisis de los pros y los contras, pero ellos encuentran una forma de resolver la mayoría de cosas —tal vez ella escogerá el restaurante y él elegirá el vino—.

Se ayudan mutuamente a ascender en sus escaleras sociales y profesionales y nunca tienen que preocuparse por una pareja que no entienda las reglas tácitas. Ambos disfrutan la conversación y les encanta tener a alguien con quién discutir las noticias o compartir las enseñanzas de un libro.

Son tan diplomáticos, que es difícil imaginarlos peleando. ¿Pueden vivir la vida sobre una base superficial sin tratar los problemas? ¿Quién sabe? Sin embargo, ése es su estilo. Si se separan, no será porque sus personalidades chocaron; será porque uno de ellos encontró a alguien más.

De un Escorpión:

Cuando esta mujer pone a marchar sus encantos seductivos con un hombre Escorpión, él queda indefenso por completo. Al principio mantiene un escudo porque es su manera de ser desconfiado, especialmente con una mujer hermosa, pero ella es tan atractiva e interesante, que él no tiene oportunidad de escapar al hechizo a menos que salga de la ciudad y nunca regrese. Más adelante les dirá a sus amigos que en realidad ella no sabía en qué se estaba metiendo.

Ella disfruta hablar de cualquier cosa y parecen estar teniendo una gran conversación, pero después se da cuenta que él estaba haciendo todas las preguntas y ella daba las respuestas... en especial acerca de su pasado. Aquí debe actuar con mucho cuidado porque lo que diga puede ser usado en su contra posteriormente.

Si ella dice algo que lo ofende, nunca lo sabrá hasta que él le regrese sus palabras durante una discusión —tal vez un año después—. Es difícil de comprenderlo, incluso para alguien con buenas capacidades de comunicación como ella.

Si él la ama profundamente, compartirá más de sí mismo con ella que con alguien más, pero eso no significa que ella pueda conocerlo por completo. Ella debe jurar que nunca hablará de sus cosas personales, porque él valora su intimidad por encima de todo.

En ocasiones ella se involucra con más de un hombre a la vez. Si hace esto con un Escorpión y él lo averigua, no esperará para ver quién gana, sin mencionar otras consecuencias peores.

De un Sagitario:

La mayoría de los hombres Sagitario son atraídos por la diversión, pero la pizza, la cerveza y los partidos de fútbol no son la forma de divertirse para una dama Libra. Si va a ser una reunión bulliciosa, y así será, ella puede salir con una amiga y dejarle la casa a él.

A él le gusta socializar, así que irá a las fiestas elegantes con ella y disfrutará conocer gente. Se ausenta a menudo, pues le encanta viajar y lo hace en cualquier oportunidad. A ella no le gusta salir sola a ningún lugar.

Él es una buena elección para ella porque la anima a relajarse y ser más espontánea. Por ejemplo, podría pedirle que fuera a México en el avión privado de un amigo, pero ella necesita tiempo para deliberar antes de tomar una decisión importante —está bien, cualquier decisión—.

Él es gracioso y a ella le encanta su sentido del humor, incluso si deja escapar comentarios inapropiados. Lo hace afablemente y por lo general nadie se ofende. Ella es mucho más diplomática y consciente de los sentimientos ajenos; juntos, forman una pareja interesante.

Él no es sólo un tipo sociable que ama la aventura; también es un buscador de conocimiento filosófico. Tiene opiniones y creencias sobre muchos temas y algunos de sus amigos no conocen esa parte de él; pero ella sí.

Con algunos acuerdos y un poco de tolerancia, estos dos se llevarán bien. Quizás, para el momento en que se conozcan, él ya habrá explorado sus sueños más aventureros. Casarse o no será una de las decisiones más difíciles para los dos, e incluso él tendrá que pensar al respecto.

De un Capricornio:
Ah, justicia poética... una mujer Libra que ama las cosas bellas de la vida del brazo de un hombre Capricornio, apodado en la astrología como "el comprador de diamantes".

Éste es el prototipo de Hollywood: un hombre rico con una mujer mucho más joven, peinada y vestida hermosamente, quien sabe cómo impresionar en cualquier compañía.

Eso es magnífico, ¿pero qué tal si son sólo dos personas corrientes viviendo una vida normal? Todos enfrentan los mismos retos.

A menudo escoge a un hombre que sea diferente a ella. Podría ser de otra raza, de otro grupo social, mucho mayor o menor en edad. Incluso si vienen de raíces similares, tienen personalidades diferentes.

Él se esfuerza por tener éxito y puede trabajar en exceso por sí solo. Ella es más inclinada a la gente y necesita socializar más que él. Si él cree que puede hacer contactos valiosos, asistirá a funciones sociales de muy buena gana. A ella le encanta entretener, así que es una ventaja para él en ese aspecto.

Él es cuidadoso con el dinero y espera que ella viva dentro del presupuesto establecido, pero ella sobrepasa el límite en su tarjeta de crédito antes de que le digan "¡ahorre el cincuenta por ciento!"

Él es chapado a la antigua y algunos lo llaman chauvinista. Para ella la cuestión es simple: le deja creer que está logrando lo que quiere. Manipular —o influenciar— personas es uno de sus mayores talentos, de esa forma evita el enfrentamiento y consigue los mismos resultados.

De un Acuario:
Si los escucha en un debate animado, no se preocupe, lo están disfrutando. A él le gusta ser retado con un punto de vista diferente —con una mujer Libra, eso pasará—. Ella tiene opiniones y le gusta compartirlas, pero ninguno lo toma muy en serio.

Ella es sociable y muy considerada. Quiere un compañero porque no es feliz yendo a lugares sola. Él es más independiente; le gusta tener muchos amigos, pero es más desprendido y se involucra menos con ellos.

Ambos viven informados acerca de asuntos sociales y políticos. Aunque valoran la justicia e igualdad, no necesariamente están del mismo lado, lo cual genera más oportunidades de crear discusiones que tanto disfrutan. En realidad, si no tienen suficiente estimulación intelectual, se ponen inquietos. La tendencia a discutir podría interferir en la mutua dedicación que se tienen.

Podrían saturarse de compromisos. Él está a menudo ocupado en reuniones o en uno de sus proyectos inusuales, que pueden chocar con un evento que ella no se quiere perder. En ese caso, a él no le importará si es acompañada por uno de los amigos homosexuales que tienen.

A ella le encantaría unirse a él para promover sus causas. Su misión ideal en común sería un proyecto de embellecimiento; es en lo que se destaca, y juntos podrían hacer mucho por su comunidad.

Ninguna mujer puede hacer a un hombre más feliz y ser la mejor compañera que una nativa de Libra que ha encontrado a su pareja, y un hombre Acuario podría ser esa persona. Si por alguna razón se separan, siempre serán amigos —¡cuente con eso!—.

De un Piscis:
Comparada con él, ella es resuelta. Ella usa la lógica para unir las piezas. Si le toma tiempo llegar a una decisión que sea buena para todos, al menos ella entiende la situación.

Él es complicado y ve la vida a través del filtro de sus emociones. Siempre hay otra perspectiva que se debe considerar, así que sus opiniones son difíciles de concretar, incluso para él.

Sin embargo, ella se siente atraída por él porque es simpático y fácil de llevar. No puede evitar enamorarse cuando la invita a una obra de teatro o a un concierto y después la lleva a un pequeño restaurante romántico. Él es divertido para hablar y ella se complace en recibir toda su atención.

Al final él empieza a enamorarse profundamente —¿qué hombre no lo haría?—. Ella es encantadora y ambos comparten el gusto por el arte, el cine y la música —quizás uno de ellos o ambos pueden tocar un instrumento—.

Ella tiene aversión por el lado más sórdido de la vida, y queda un poco sorprendida al conocer algunos de los amigos menos deseables del hombre Piscis. Él se compadece por cualquiera que esté en problemas y comparte hasta su última moneda con alguien que lo necesite. Ella no siente mucha compasión por algunos de estos protegidos, quienes, en su opinión, deberían hacer algo para organizar sus vidas.

Él quiere que ella le ayude a decidir que camino tomar. Si no tiene muchos objetivos sólidos, ella pronto se cansará de hacer de niñera.

Estos dos pueden tener una relación duradera si deciden que ninguno quiere herir los sentimientos del otro. Es probable que simplemente se alejen sin tomar nunca la decisión final de separarse.

La mujer Escorpión
Octubre 23 – Noviembre 21

Una hija Escorpión fue un reto que sólo los padres de otra Escorpión pudieron entender. Su firme voluntad surgió en sus primeros meses de edad. Mientras crecía, no se daba cuenta que era sólo una chiquilla. En su mente era igual a cualquier otra persona y se oponía a las reglas y a las restricciones.

Aún cuando sus padres la educaron con una firme disciplina, nunca sintieron que estaban causando mucha impresión en esta pequeña testaruda. Más adelante, para alcanzar su máximo potencial, necesitó más de comprensión que de control. Si no era tratada con amor y respeto, podía volverse tímida y temerosa, pero era totalmente capaz, incluso siendo niña, de dirigir su propia vida y tenía la voluntad para hacerlo.

Siempre sobresalía entre aquellas otras niñas con sonrisas dulces y cintas en sus cabellos. Tenía una cualidad magnética que incluso los adultos notaban. Poseía un fuerte sentido intuitivo y una forma de saber las cosas. Suponía que todos tenían experiencias similares, pero cuando creció, reconoció que, efectivamente, tenía una conexión con el mundo místico e invisible.

Si sus padres le prometían algo y no cumplían, o creía que eran injustos, se ofendía profundamente y permanecía con el resentimiento por muchos años.

Durante su juventud alguien pudo haberla controlado de forma negativa, pero esto nunca la desanimó. Con el tiempo, hizo lo que tenía que hacer para recuperarse y empezó a sentir su propia fuerza mientras aprendía a confiar en sí misma.

Mientras va por la vida, experimenta muchos vínculos intensos y varias rupturas amargas. Sus relaciones reflejan sus necesidades más profundas y tienden a ir a los extremos; primero increíblemente íntimas y privadas, luego abiertas y casuales. Tiene al menos una crisis importante que la transforma por completo. Trata los asuntos vitales —poder, dinero y sexo— por medio de actos horrendos —o los más sublimes—.

Cuando madura en su interior, explora lo sublime en lugar de lo oscuro. Ha perdonado a otros y a sí misma. Sabe lo que quiere y lo que no quiere. Puede haberse dominado a sí misma, o todavía estar trabajando en ello, pero el poder que tiene de cambiar su vida es inmenso —y así es su poder de cambiar las vidas de otros para bien o para mal—. Puede reinventarse como una profesional exitosa, una esposa y madre dedicada, o una mujer soltera siguiendo el sueño de su vida. Lo hará con pasión, dedicación y amor, y siempre usará su gran fortaleza cuando y donde sea necesitada.

La mujer Escorpión enamorada...

De un Aries:

Si desea una chispa de combustible —y por supuesto que lo quiere— un Aries es su tipo de hombre. ¡Pero las peleas son inevitables! Esta clase de mujer no va a ser sometida por un simple hombre, ni siquiera un macho ariano. Ambos son dominantes y quieren hacer su voluntad, y sin embargo desean que alguien les presente un reto. Hmmm... suena como un combate de boxeo.

Ella jugará un tiempo, pero finalmente todo terminará con una discusión violenta, o se cansará del juego y se alejará. No hay problema. Cuando es tentada por un hombre fuerte y atractivo, no le importa si va a durar para siempre.

Él es un tipo que no se complica y toma la vida como viene. Quiere ser él mismo, divertirse, alcanzar sus metas y derrotar a todos los que se presenten.

Ella es una persona compleja con sentimientos fuertes acerca de todo. Sus opiniones, emociones y deseos son difíciles de descifrar, incluso para sí misma.

Él tiene un temperamento que se enciende rápidamente y luego se olvida. El de ella es controlado y frío, y nunca olvida cuando es herida.

Ella tiene una forma definida de vivir, y una vez que se ha entregado a alguien emocionalmente, espera a cambio total lealtad y fidelidad, pero a él se le dificulta mantener tales expectativas. Si él rompe su corazón, ella no estará ahí para dejar que lo haga de nuevo, y tal vez él tampoco.

De un Tauro:
Este hombre está presente para escucharla y calmarla cuando se encuentre estresada. Le brinda seguridad en un mundo impredecible. Cuando todos están contra ella, él la apoya. Él puede no llevarla a la cúspide de la pasión, pero su atractivo sexual y físico no es fuera de lo común.

Ella necesita un hombre fuerte y tolerante que la deje ser ella misma y no la juzgue cuando llegue a extremos, como tiende a pasar. Él puede no entender sus opiniones fuertes y reacciones volátiles, pero es paciente y tolerante. Se necesita mucho más que una esposa complicada para hacer que se rinda.

Cuando ella se casa, quiere que sea para siempre, al igual que el hombre Tauro. Aunque son opuestos en muchas cosas, y tendrán muchos desacuerdos, pueden superar los momentos difíciles. Él no está dispuesto a perder su seguridad sin una buena razón, y ella es totalmente leal una vez que se compromete.

Incluso si sólo lo económico o los hijos los mantienen juntos, un día pueden descubrir que su relación se ha vuelto cómoda y satisfactoria después de todo. Si ella acepta con tolerancia las rutinas de él y no espera que llene todas sus necesidades, y él a su vez mantiene su carácter y permanece fiel, estos dos podrían ser lo suficientemente testarudos para hacer que funcione.

De un Géminis:

Una mujer Escorpión tal vez es la única que puede vigilar a esta clase de hombre. Él no lo sabe, pero ella actúa como un investigador privado. En el caso en que estuviera pensando en una relación cuestionable con una "amiga", debe estar seguro que no la va a engañar por mucho tiempo.

Ella quiere controlar su propia vida. Ése es un objetivo valiente pero condenado al fracaso con un hombre Géminis, incluso si no sospecha que él la engaña. Él siempre está ocupado —tantos lugares para visitar, tantas personas para ver, tanto qué hacer—. No hay límites en los planes e ideas que quiere o puede realizar, o probablemente sólo comentar. Nunca es el mismo; a veces es hablador y agradable; otras veces, frío y distante. En un instante está escuchándola atentamente, y al siguiente está hojeando la guía de televisión.

Aquí no hay muchas cosas en común. Ella vive según sus instintos y emociones; él toma decisiones basadas puramente en la lógica. Él prefiere el camino fácil y ella el reto, y quizás es la razón por la cual lo escogió en un principio.

Una vez que se ha fijado una meta, ella no se rendirá, así que sería un error ignorar esta pareja por completo. Si tiene una profesión, hijos y unos amigos íntimos en quienes ocuparse, podría funcionar, pero sólo porque cuando fija su mente en algo, todo es posible.

De un Cáncer:

Un hombre Cáncer quiere una vida segura y sana, como la víspera de año nuevo sin licor. Quiere que su amada esté en casa, tenga su cena lista y siempre sea la mujer dulce con la que se casó. ¡Error! Lo que ella es hoy, puede no serlo mañana. Aquí no hay nada seguro, excepto que vivirá con intensidad y entusiasmo.

Si ella adopta el rol de compañera y madre leal, todavía necesitará una forma de explorar su sensualidad —danza del vientre, escribir historias eróticas, ensayar nuevos juguetes sexuales—, algo que agregue picante y pasión a la vida. Desea algo profundo y misterioso para meditar, como fantasmas y bestias de patas largas, o por qué los vecinos tienen tantos visitantes tarde en la noche.

De estas dos personas reservadas, ella es la más terca y él, afectado con el ego masculino, el más sensible. Si, en una de sus raras peleas, ella lo hiere con sus palabras hoscas, él puede retraerse en su pequeño caparazón para siempre, probando que retirarse —no pelear— es el comportamiento más peligroso en una relación.

El humor puede salvar el matrimonio. Una pareja con estos signos tenía una solución excéntrica pero práctica para comunicar sentimientos heridos y temas sensibles. Usaban un pequeño muñeco que llamaban Iddy Boo para liberarse de sus emociones. Cuando uno de ellos tenía que desahogarse, tomaba el muñeco, meneaba su cabeza, y decía, "Iddy Boo está triste porque fuiste muy grosero(a) anoche".

"Bueno dile a Iddy Boo que lo siento —sólo estaba cansado(a)"—. Esto funcionó para ellos, y hasta hoy siguen casados.

De un Leo:

El león real siempre estará orgulloso de su compañera Escorpión, ¡porque ella puede hacerlo todo! Ella es tan condescendiente que organizará su vida para hacerlo feliz y ver que él tenga todo lo que necesita y quiere. Ella hará todo lo que esté a su alcance.

Ella será una gran anfitriona, una socia indispensable, una esposa, madre y/o madrastra, y una amante exótica. Pero debe querer hacerlo —o registrará lo que hace y esperará que le retribuyan—.

Él fue atraído de inmediato por su capacidad y fortaleza, y ella quedó impresionada por su naturaleza generosa y confianza en sí mismo —sin mencionar su magnífico cabello—. Tendrán algunos choques en el camino que deberán lidiar, porque ambos son tercos y resueltos. Pero en el fondo cada uno sabe que puede contar con el otro —y eso es lo más importante para los dos—. Él sabe instintivamente que ella estará presente cuando la necesite, y ella siente lo mismo —¡o no estaría dispuesta a dar el sesenta por ciento para hacer que funcione!—.

Él recibe su amor y atención, y a ella le gusta la forma en que la hace sentir especial en su cumpleaños y aniversarios. Si él no es capaz, no será el león más inteligente de la manada.

Ninguno se rinde con facilidad, y seguirán trabajando en los defectos de su relación. Aquí es donde entra en juego su terquedad mutua —siempre que puedan contar con que cumplen su palabra y sean leales por completo, todo lo demás es negociable—.

De un Virgo:

El hombre Virgo ha llevado la palabra inteligente a un nuevo nivel; en realidad, es como si su cerebro fuera una computadora. Cuando una mujer Escorpión lo atrapa, podría simplemente averiarle su disco duro —sin mala intención— porque ella puede proveer billones de datos con su intuición e instintos. Si él toma ventaja de tal conocimiento, puede volverse aun más culto de lo que es. Será fácil que descarte cualquier cosa que no sea de carácter científico.

Él tiene una forma de exponer sus argumentos con tanta precisión, que es imposible discutir. Ella sabe cómo se siente, pero no puede explicarlo en detalle como él. Sin embargo, es buena para jugar al póker: iguala la lógica de él y le agrega su intuición y presentimiento.

Él quiere saberlo todo, organizarlo, nombrarlo y definirlo. Cuando comienza a analizar sus necesidades y sentimientos más profundos, y le da su diagnóstico, ella tiene que sentarlo y explicarle que no es bueno entrometerse y, de todos modos, él no lo sabe todo.

Él trata bien a los niños y quiere al perro, pero es un poco estricto con los chiquillos, no paseará al perro y no limpiará lo que ellos han ensuciado.

Su tendencia a notar cada defecto y criticar a los que ama puede meterlo en grandes problemas, porque para empezar ella ya es dura consigo misma. Si la critica con frecuencia, lo dejará, pero no antes de que le haya dado muchas advertencias.

De un Libra:

Ella es una maravillosa anfitriona cuando reciben a sus amigos y socios. Es la compañera dedicada y fuerte que él desea a su lado. Si a él no le gusta tomar las decisiones, ella es totalmente capaz de hacerlo. Es tan diplomática como él, y también le encanta una discusión estimulante. De este modo, ¿cuáles son los baches en el camino para estos dos?

1. Ella, quien duda de sí misma a pesar de su fuerte personalidad, necesita un hombre sincero porque huele la falsedad a cuadras de distancia. Él dice a las personas lo que quieren oír. Un poco de eso es bueno, ¿quién quiere saber la verdad completa y sin adornos? Depende de la pregunta: "¿Se me ve muy grande el trasero con estos pantalones?" o "¿me serías infiel?"
2. Él es un imán para las mujeres porque es atractivo, elegante y sabe como encantar al sexo opuesto. Ella puede ver a través de él, y no va a ser comprensiva si él es demasiado amigable. Si no puede ser el amante fiel que ella necesita, la unión no durará.

Si mantienen una honestidad mutua y no ocultan sus temores —bueno, él no siempre es honesto y ella oculta sus miedos—, podrían discutir de antemano como manejarán un desacuerdo. Luego, si él entra a su oficina y cierra la puerta, ella puede recordarle que acordaron hablar y no alejarse.

De otro Escorpión:

Dos nativos de Escorpión destinados a estar juntos reconocerán su intensa atracción en los primeros minutos del encuentro. Desde ese momento, pueden ir a los extremos y regresar, y probablemente lo harán.

Tienen la mejor posibilidad si se unen puramente por el sexo. Si lo hacen, no se decepcionarán, pero si se enamoran y quieren formar una relación permanente, la situación se torna un poco más difícil —mucho más difícil, en realidad—.

Aunque tengan una fuerte relación amorosa, tienen que lidiar con los celos mutuos, y vigilarse como halcones, aunque lo más probable es que él sea quien vaya a extremos que sólo un ego masculino enloquecido podría inventar. Se amarán intensamente, pelearán intensamente y llevarán la relación hasta el límite. El sexo será un problema en cierto modo —desde la promiscuidad hasta la impotencia— demasiado o muy poco.

Si uno de ellos es traicionado, buscará venganza, como una mujer Escorpión que conducía su auto con una mano mientras con la otra tiraba la ropa de su amante en la mitad de calle. O el ex enfurecido que puso cemento en el convertible de su novia; u otras cosas peores en las que no queremos pensar.

Ellos podrían considerar estas reglas:

1. Nunca fisgonear las cosas privadas de cada uno.

2. Nunca hablar de ex amantes o hazañas sexuales.

3. Prometer ser totalmente honestos y leales —¡y cumplir!—.

Podría tomar años, pero es posible desarrollar la confianza que cada uno necesita para sentirse seguro. Si combinan lo mejor de sí mismos, su poder puede lograr una gran misión —incluso un matrimonio duradero—.

De un Sagitario:
Incluso si él está en casa y no arrastrándose en el barro en una cacería de patos, ella se queja mucho. Para empezar, ella disfruta los grupos pequeños de amigos íntimos, mientras a él le gusta reunir a una multitud de amigos y conocidos y divertirse hasta el amanecer. Una mujer Escorpión no va a tolerar ser ignorada mucho tiempo.

Él tiene un corazón generoso y quiere que sea feliz, ella pronto comprenderá que no se puede contar con promesas exorbitantes, y se resentirá.

Puede apegarse mucho emocionalmente a un hombre Sagitario, y una vez que se enamora, lo siente con toda la intensidad de su corazón leal. Él prefiere vivir sin cadenas, estar suelto, ser libre. No quiere apegarse a alguien, excepto a su perro; pero incluso Yukon debe ser alimentado todos los días —qué inconveniencia—. Establecerse no está en su lista de deberes para esta vida.

Debido a que ella es la que dará más, ¿qué puede hacer para ser feliz? Puede apoyarse en su trabajo. Es ambiciosa y necesita una profesión absorbente, de modo que el reconocimiento y la satisfacción que encuentra en el trabajo serán de ayuda.

Para ella —quien necesita una relación estrictamente monógama y leal—, un hombre Sagitario significa adaptarse a una vida diferente a la que estaba buscando, y no está en su naturaleza adaptarse.

De un Capricornio:

Con este hombre ella tendrá que ser enérgica de manera sutil, lo cual es totalmente capaz de hacer. Él está acostumbrado a tener autoridad y comete el error de pensar que puede imponer su opinión sobre ella. ¡Se ha encontrado la mujer equivocada!

Ella está resuelta a lograr sus objetivos mientras sea conveniente, y no cambiará para complacerlo, ni a él ni a nadie. Está acostumbrada a controlar, pero no a ser controlada. Su único recurso para mantener la paz es usar la diplomacia y técnicas secretas —que sólo ella sabe— para manejarlo.

En general, respetan mutuamente sus ambiciones, pero pueden discrepar en el método. Él es práctico y está parado en la tierra, y no cree en conceptos que no han sido probados. Naturalmente, las formas misteriosas de ella son insondables para él. Ella tiene mucho que enseñarle, y si es tan inteligente como una cabra montés, será lo suficientemente humilde para escuchar y aprender.

En cuanto a la fidelidad, él lo pensará dos veces antes de poner su vida —y la cuenta bancaria— en peligro por un poco de sexo, especialmente cuando está teniendo buen sexo con ella. Está tan contento como ella de pasar una noche cómoda en casa. No es romántico, y no habla delicadamente de su profundo amor y lo encantado que está con ella —ese no es su estilo—, pero ella es intuitiva y siente cuando es amada.

Él admira que ella no se rinde, porque también es así.

Si fijan sus voluntades y mentes para lograr algo, sólo el destino podría bloquearles el camino; los meros mortales no podrían.

De un Acuario:

Ella adora el misterio y un hombre Acuario no es fácil de descifrar. Cuando ella lo espió por primera vez, quizás estaba exponiendo uno de los muchos temas poco convencionales que llaman su atención, algo entre la astrología, los círculos de cultivos, Egipto, o el taller de curación al que acababa de asistir en California. Al igual que ella, a él le atraen los misterios y los fenómenos no explicados. También tiene una causa que le apasiona, algo que quiere cambiar en el mundo, y eso podría pasar con ella, porque a menudo es defensora de alguien o de un grupo que necesite un vocero.

Ambos son porfiados y es fácil verlos desafiándose entre sí con sus ideas y creencias. Esto conformará una gran parte de su relación. Él admira su responsabilidad y la forma en que ella se dedica a algo en lo que cree.

A medida que pasa el tiempo, ella descubre que aunque a él le gusta hablar, siempre lo hace en un nivel impersonal, y nunca acerca de sí mismo. Ella tiende a ser posesiva y forma fuertes vínculos con las personas, y necesita a un hombre que pueda retribuirle, pero él valora su libertad, sus amigos y su vida como tal y como es. Por lo general no desea una relación seria que involucre compromiso y enredo —al menos no hasta que haya vivido lo suficiente—.

Si de pronto está listo para comprometerse y establecerse, podría convertirse en el compañero leal que ella necesita. De otra manera, debería estar satisfecha de que sean amantes, porque aunque les gusta explorar la mente inquisitiva de cada uno, esto no se traduce en el tipo de vínculo personal íntimo que ella necesita. Tal vez se encontrarán de nuevo en el plano astral.

De un Piscis:

Una mujer Escorpión es la única que puede ir a las profundidades de la emoción y a las alturas de la espiritualidad con un hombre Piscis. La mayoría de las personas no hablan sobre universos paralelos y realidades, pero estos dos lo hacen. Si él está interesado en la meditación y la oración, puede ayudarla a enfocar sus grandes poderes psíquicos en algo positivo.

Pero eso es si comparten tales cosas, porque no sucede con todos lo nativos de Piscis y Escorpión. A veces él va por la vida perplejo porque no puede avanzar en línea recta como la mayoría de los hombres. Parece ser el receptor de toda la mala suerte en el mundo y necesita a alguien más organizado para que lo ayude.

Usualmente él tiene un episodio doloroso en su pasado del cual se está recuperando. Ella está lista para brindar su fuerza a quien la necesite, y entre peor esté la persona, más resuelta está para apoyarla. No le importa si su compañero depende de ella; está acostumbrada a llevar la carga.

Al comienzo no se dan cuenta que ésta es la tendencia oculta que define su relación. Hasta que esto se acabe, ella cree que ha encontrado un alma gemela, y lo ha hecho. En el fondo, él es un poeta, un artista y un buscador. Tiene sueños, fantasías y secretos, al igual que ella. Además, es dulce, amable y puede dar un gran masaje en los pies.

Si él es equilibrado emocionalmente, o casi lo es, naturalmente aumentará la probabilidad de felicidad de los dos. Si no es leal y honesto, y ella lo averigua, en seguida dejará su rol de compañera dulce, y él verá un lado diferente de su personalidad —el lado malicioso— justo antes de que agarre sus cartas de tarot, cierre violentamente la puerta al salir y nunca mire hacia atrás.

La mujer Sagitario
Noviembre 22 – Diciembre 21

Podemos oír su carcajada antes de verla, y el salón brilla aún más cuando ella entra. La mujer Sagitario ha llegado —¡que comience la fiesta!—. Siempre tiene una historia divertida que contar, y si es sobre ella, es la que más fuerte ríe.

De niña, fue muy querida en la escuela y el colegio, y si no era lo suficientemente bella para ser la reina de la fiesta de fin de año, era popular y tenía muchos amigos de ambos sexos. La querían porque era simpática, divertida y audaz. Siempre tenía una gran sonrisa y podía decir un chiste o hacer un comentario sarcástico.

Su familia vivió en muchos sitios, y ella se adaptaba sin problemas, conseguía nuevos amigos, y cada vez aprendía un poco más acerca de otras personas y lugares. Tal vez esa es la razón por la cual le gustaba leer sobre tierras exóticas y se imaginaba viviendo ahí. Pensaba en recorrer Europa en bicicleta en lugar de entrar a la universidad.

Consiguió su primer trabajo siendo adolescente y amaba la libertad que le daba un poco de dinero en su bolsillo. Siempre lo gastaba tan pronto como lo ganaba, invitando a sus amigos al cine o a comer hamburguesas. No ahorraba nada porque sabía que habría más dinero en algún otro lugar.

La idea de ser una esposa y madre, nunca la convenció totalmente, le parecía limitante y aburrida. Si se casó joven, fue para salir de la casa y el matrimonio no duró mucho tiempo.

Sin importar si se graduó o no de la universidad, su educación nunca termina. Sus estantes para libros reflejan el alcance de sus intereses, y toma cursos sobre lo que le fascina en la actualidad.

Ha tenido innumerables experiencias extraordinarias —buenas y malas— y, así no se haya dado cuenta, siempre ha tenido un ángel guardián. Cuando ha estado en situaciones difíciles, algo siempre aparece, un amigo de la familia para darle un empleo, una fuente de dinero para la matrícula, un mentor en el trabajo, o una coincidencia afortunada.

Ha tenido muchos novios, muchas relaciones amorosas y probablemente más de un matrimonio, pero siempre mira hacia el futuro, permanece optimista y hace bromas acerca de sus problemas pasados, así que incluso los momentos conmovedores parecen casi divertidos. Al igual que Scarlett O'Hara, —artista de la película *Gone With The Wind (Lo que el Viento se Llevó)*— ella cree que mañana será un día mejor.

Debido a que ha madurado, ha aprendido a asumir la responsabilidad de sí misma y de los que dependen de ella, ya sean sus hijos o animales. Ha viajado con la frecuencia que las circunstancias lo han permitido, y todavía sueña despierta con lugares lejanos por conocer. Ahora el motivo no es alejarse, sino ampliar su entendimiento del mundo. Su gusto por la aventura todavía es tan intenso como siempre, pero ha aprendido a atenuar su exuberancia con la sabiduría surgida de la experiencia.

La mujer Sagitario enamorada...

De un Aries:

Un hombre Aries aparece justo cuando ella lo necesita, como un obsequio no esperado. Él destierra las preocupaciones que estuvieran afectando su vivacidad —por lo general en un alto nivel—, y le devuelve la sonrisa en su rostro. Las aventuras que tienen serán el tema de muchas historias maravillosas cuando todo se acabe.

Ambos son independientes y viven ocupados. Aprecian eso mutuamente porque los dos necesitan libertad para ir de un lado a otro sin tener que explicar cada minuto. Él le atrae el hecho de que ella está lista para ir a cualquier lugar o hacer cualquier cosa. En cada oportunidad, salen de excursión por un nuevo camino, dan un paseo en bicicleta o se van a esquiar. Ambos anhelan nuevas experiencias y no dejan que los detalles interfieran en su camino.

Se divierten viendo deportes y programas de hechos reales en televisión —cualquier cosa que sea de un ritmo rápido para mantener su atención—. ¡Sólo agregue amigos, cerveza y pizza, y ya hay una fiesta!

Él tiene su lado dominante, pero ella no se ofende. Si no le gustan sus ideas, no hace alboroto al respecto; sólo se ocupa de lo suyo y hace las cosas a su modo.

Lo que ella podría cambiar en él es la forma en que se enfoca en su pequeño mundo y no piensa mucho en la política o las otras preguntas importantes. Cuando hay que escoger entre CNN o ESPN, no hay debate, al menos no sin una pelea.

De un Tauro:

Esta mujer a menudo da el primer paso con un hombre Tauro porque es un poco tímido y ella no lo es. Él es inteligente y a ella le gusta la forma en que habla tan directamente; tiene la sensación de que puede confiar en él. Naturalmente, él se siente atraído por esta mujer interesante y divertida que también parece tener el mismo interés. Aquí se presenta la danza del romance —y el dolor de la derrota—.

Su lema es "no me encierre", y él tiene una placa sobre la pared que dice, "hogar, dulce hogar". Esa es la primera señal que indica que no estaban destinados el uno para el otro. No será la última.

En una ocasión ella trabajó en la cocina durante horas para preparar una auténtica comida hindú. Él comió en señal de agradecimiento, pero no le gusta la comida exótica, y ella se dio cuenta que no estaba emocionado. ¡Qué momento tan divertido!

Ahí están sus personalidades diferentes. Ella necesita mucha estimulación —personas, actividades, lugares para visitar—. Nunca se siente más viva que cuando está activa. El aburrimiento y la depresión pueden enfermarla físicamente.

Él se pregunta por qué no puede permanecer ocupada en casa. Con seguridad un anciano Tauro dijo: "cuando trabajo, trabajo con dedicación; cuando como, como rápido; y cuando me siento, me quedo dormido". Esto es suficiente para enloquecer a una mujer.

No, ella no tendrá muchos buenos momentos de diversión con el toro; no habrá caminatas en la playa, ni paseos en helicóptero, unas pocas vacaciones exóticas, o tal vez ninguna. Cuando incluso la seguridad que le provee empieza a sentirse como prisión, es tiempo de que ella tome otro camino.

De un Géminis:
El tipo de compañía casual que este hombre prefiere es apropiada para una mujer Sagitario. Necesita un hombre que la deje ser ella misma y no quiera convertirla en alguien más. Él mantiene las cosas triviales. Por ejemplo, no la forzará a cambiar su vida por él ni le hará prometer lealtad total. Sólo quiere disfrutar lo que tienen hoy sin preocuparse del mañana. Eso está bien para ella, a menos que esté en el momento de su vida en que desea establecerse. Pero eso no pasa a menudo con un Sagitario, incluso con una mujer.

Se divierten mucho viendo películas —disfrutan las comedias— y comparten un interés en los libros y la conversación. Se ríen de sí mismos y de sus amigos. Les encanta ir a vacaciones juntos, y si él viaja por su trabajo, ella tiene la maleta empacada y toma tiempo libre, si es posible.

Tiene el entusiasmo y la energía de dos mujeres. Posee una gran curiosidad, así que cualquier cosa que a él le interese, le dará su atención sin pensarlo dos veces.

Él no tiene que compartir todos sus intereses para ser un amigo y compañero divertido. Ella es compleja y se interesa por muchos temas que podrían no estar en su lista de prioridades. Él es feliz sólo con estar en movimiento y tomar la vida como viene. Eso es lo bueno de no tener que lidiar con los ajustes que trae el matrimonio.

De un Cáncer:
Es difícil imaginarla quedándose en un lugar suficiente tiempo para poner en marcha algo con un hombre Cáncer, a menos que sea el trabajo. Él no la presiona y eso llama su atención; más bien, tiene un estilo lento y cuidadoso para llegar a conocer y formar una pareja.

De todos modos, si congenian y la pasan muy bien, excelente. Él está listo para dar el siguiente paso lógico. En el mundo del cangrejo, las personas se enamoran y se casan —así debe ser—. Ella podría realmente amarlo e incluso querer una relación duradera, pero tal vez no deseará la boda y todo lo que viene con ella, especialmente si ha tenido un matrimonio fracasado. Esto podría ser un problema serio para ellos que podría no tener solución.

Otra cosa: ella vive su vida en forma alegre y activa, pero él es tranquilo y malhumorado. Tal vez fue ofendido por alguien o tuvo un mal día, y está buscando estímulo y palabras tiernas. Ella no es indiferente a sus necesidades, pero él no dice nada. Algunos podrían llamarla insensible, pero no lo es; simplemente no vive en ese nivel emocional. Básicamente, es una diferencia en personalidades.

Si se casan, se requerirán ajustes hechos por... ¿adivine quién? Ella tratará de ser más atenta, pero sigue siendo un ser independiente. Él será menos sensible cuando hayan estado juntos más tiempo, pero todavía prefiere hacer la mayoría de las cosas juntos.

De un Leo:
¿Qué sucede cuando un signo leal que necesita una pareja fiel, como Leo, se encuentra con un signo que necesita mucha libertad, como Sagitario? Fácil, si es una mujer Sagitario. Ella no tiene que ser promiscua para disfrutar la vida y pasarla bien; sólo necesita retos, aventuras y mucha alegría. Es la pareja perfecta y leal para un hombre Leo.

Ambos quieren las mejores cosas de la vida —buena comida, ropa fina, vino exquisito—. Si están casados, disfrutan la casa y les gusta entretener amigos. Si sólo están saliendo, logran expresar su lado amoroso y divertido en la relación. Éste es el romance legendario para una canción de amor.

Ella tiene energía de sobra. Puede trabajar tiempo completo, cuidar una casa e hijos, y colmar a su hombre de atención y hacerlo sentir especial —justo lo que necesita el león—. Si él le dice que la ama y le compra obsequios finos en sus ocasiones especiales, ella es una mujer feliz.

A menudo utiliza el sentido del humor para hacer hincapié, pero debe tener cuidado al decir sus sarcasmos con un Leo, porque algunos de sus comentarios pueden no ser tomados con la intención deseada.

Es así, a menos que usen insultos exagerados en forma de broma para desahogar la irritación que sienten, como lo hacen algunas parejas.

Con el tiempo, aprenden qué ajustes deben hacer para ser felices. Si surgen grandes problemas, tienen una mayor probabilidad de resolver las cosas que otras combinaciones de signos. Al menos sus personalidades se complementan.

De un Virgo:

La única razón para que una mujer Sagitario se interese en un hombre Virgo se debe a su optimismo eterno. ¿Cómo se diferencian? Veamos de qué se trata.

Al comienzo todo está bien, como es usual. Su cerebro ocupado nunca merma el ritmo, así que le atrae este hombre que es evidentemente inteligente. Él la aborda con toda clase de ideas que la mantienen interesada.

Con el tiempo sus personalidades diferentes empiezan a alterar los nervios de cada uno. Ella es una artista nata que tiende a exagerar, y sus historias son, por así decirlo, ¿en *gran parte* verdaderas? Afortunadamente para ella —tal vez no para la historia—, su amante Virgo está justo ahí para señalar todos y cada uno de los hechos confusos.

No es conocida por su moderación. Vive en grande y odia las porciones tacañas de algo, especialmente de comida deliciosa. Vivir con un hombre Virgo y escuchar sus comentarios mordaces acerca de su peso no será de ayuda. Aunque se ría al respecto, se siente más herida de lo que expresa.

Más diferencias: ella no es buena para vivir con cosas que no sustituyen lo que quería pero que satisfacen al hombre Virgo. Él cree que ella gasta demasiado en ese aspecto, y ella cree que él es muy ahorrativo.

No mantiene la casa perfecta, ni tampoco le importa. Él la prefiere ordenada y ojalá limpia. Podrían lograr un equilibrio, pero a menudo simplemente chocan. Después de todo, cuando un péndulo se balancea de un extremo al otro, nunca se detiene en el medio.

De un Libra:

Por fin, un hombre con el tacto para decir, "no, cariño, te ves maravillosa con esos pantalones y te amo cada vez más". Aquí está el hombre Libra, con su personalidad agradable y la forma en que se niega a agitar las cosas que posteriormente tal vez debe calmar.

Estos dos saben como disfrutar de la gente, de una buena fiesta o tener la excusa para salir y pasarla bien. Tienen sus diferencias, pero no son tan importantes y, por el contrario, dan más significado a su unión.

Ella es un poco más ruidosa y más extrovertida que él, y no le preocupa si las personas están de acuerdo con sus opiniones, que ella expresa para que todos oigan. Él es más discreto, tal vez más elegante que ella. Es como si pensara que la vida es una competencia de popularidad y hay que *ser agradable* para ganar. A veces lo es, pero ella no ganará premios por diplomacia, y no tiene ningún problema al respecto. Es tan divertida y entretenida, que a las personas les gusta tenerla a su lado. Recuerde la película *The Unsinkable Molly Brown* y aquella gente rica que llegaron a amarla.

Si decoran una casa juntos, tendrá varios estilos y será interesante. El gusto de él se inclina hacia lo armónico, bien equilibrado, con coordinación de colores y minimalista. Ella prefiere las combinaciones de colores brillantes e incluso estrafalarios, arreglos únicos en las paredes, muebles de gran tamaño, y al menos una pared donde pueda exponer su colección de curiosidades de todo el mundo.

Se visten de las formas más distintas. Él es pulcro y moderado al vestir; ella usa múltiples colores y combinaciones interesantes y se viste como vive —con un estilo propio—. Así pasa con él, nada que llame la atención, pero que tampoco pueda ser criticado. En conclusión para estos dos: no está mal, nada mal.

De un Escorpión:

Ella tiene una personalidad divertida y sarcástica que atrae a un Escorpión con su sentido simple del humor. Cuando ella tiene a todos los demás riéndose histéricamente, él apenas muestra una sonrisa burlona.

Nunca muestra sus sentimientos, mientras ella es todo lo contrario, extrovertida y simpática. Esa es una razón por la que estos dos son extraños compañeros de cama además de amigos.

Él tiene secretos que nunca revela. Ésa es la parte de dobles secretos. Todo lo demás en su vida, incluyendo si tuvo sarampión cuando era niño, es de carácter privado, y debe ser mencionado sólo por él, si así lo decide. Ahora todo el mundo sabe que una mujer Sagitario nunca *podría* guardar un secreto; por eso no tiene ninguno —su vida es un libro abierto—. Si eso es cierto, entonces la vida de él debe ser un papel pequeño lleno de jeroglíficos diminutos, doblado y guardado en su billetera. ¿Cómo va a recordar ella lo que puede o no mencionar? ¿Cómo él va a perdonarla cuando hable de sus cosas con las amigas?

Sus celos son demasiado limitantes para ella. Si es uno de esos nativos de Escorpión que cree que ella le pertenece —sí, todavía hay algunos por ahí—, y comete el error de decírselo, bueno, el infierno nunca tuvo tal furia . . . Incluso antes del feminismo, una mujer Sagitario nunca pudo haber aceptado tal cosa.

Pueden pasarla de maravilla jugando en el heno, pero tan pronto como se sacuden la paja de la cabeza, preferirán seguir caminos separados. Créanme.

De otro Sagitario:
¡Que comiencen los juegos! Estos dos no están buscando la felicidad doméstica tanto como la aventura juntos. Hay muchos caminos por los que podrían deambular, o diferentes estilos de vida que pueden adoptar. Pero sin importar lo que escojan, o en lo que caigan sin buscarlo, habrá ciertos patrones recurrentes.

El primero son los viajes. Uno o ambos pueden viajar por trabajo; o viajar puede *ser* su trabajo. Si ese no es el caso, gastarán mucho dinero en vacaciones; para ellos, no son vacaciones a menos que salgan de la ciudad y, preferiblemente del país. Aquí está una pareja que no define el matrimonio como establecerse en un solo sitio.

La segunda necesidad es el aprendizaje —a través de cursos, lectura, televisión, viajes o discusión—. Cada uno sigue una filosofía con la que puede vivir respecto a asuntos espirituales y las grandes preguntas en la vida. Pueden ser estudiantes perennes o maestros inspiradores y llevar una vida académica. Si no se inclinan en esa dirección, de todos modos tendrán opiniones inteligentes sobre muchos temas.

La número tres es la vida al aire libre. Podrían tener un pequeño terreno con algunos animales, o una empresa orientada a los deportes. Es probable que dirijan expediciones a lo largo de ríos o enseñen a esquiar. O pueden simplemente disfrutar caminatas, excursiones en las montañas o la jardinería —cualquier cosa para disfrutar de los espacios abiertos que les encantan—.

Si tienen una empresa juntos, será un éxito rotundo o un total fracaso porque no conocen la moderación. Son personas con mucha energía sin tiempo para las preocupaciones menores. Todo es en grande, incluyendo sus peleas, pero se perdonarán magnánimamente al final y tendrán una maravillosa fiesta de reconciliación.

De un Capricornio:

Imagínese esta pareja como una mujer payaso luciendo una peluca roja enamorada de un duque... una reina del rodeo y un contador... o una gitana y un predicador. Sólo Cupido, el amor o la química unirían a estos dos porque ninguna persona racional lo haría.

Ella necesita mucho espacio para ir de un lado a otro. Él prefiere su casa como su mente: organizada y ordenada.

Su idea de un compañero ideal es alguien que le guste reírse y pasarla bien, ir a lugares, y que haga preguntas más importantes que "¿compraste bastante cerveza?"

Él piensa a largo plazo y planea para el futuro. Ella cree que el futuro se desarrollará por sí solo, y, de todos modos, ¿por qué preocuparse? Todavía no ha llegado. Incluso si trata de ser práctica, su espíritu indomable e irreprimible superará sus mejores intenciones, y es probable que deje a un lado su presupuesto y sus compromisos por una nueva y emocionante posibilidad.

Sí, quiere una casa cómoda y seguridad como cualquier mujer, pero la diferencia entre ella y los otros signos es que no está dispuesta a renunciar a algo que quiere hacer a cambio de simples cosas.

Ella puede ponerse de mal humor o, aceptémoslo, volverse gruñona si se siente aburrida o inquieta, y la tendencia de él a trabajar muchas horas, e incluso fines de semana, terminará cansándola.

El Capricornio que a veces va de un lado para otro con una nube negra sobre su cabeza y una Sagitario que es alegre y fácil de llevar, van a tener sus retos. ¿Puede el amor vencer todo? ¿Lo ha hecho alguna vez? Más aún, ¿es probable?

De un Acuario:

Si estos dos invitaran a todos sus amigos a una fiesta, ¡tendrían que alquilar un gran salón! Coleccionan personas como aquellos que coleccionan monedas o estampillas. En cuanto a ella, algunos de sus amigos son pobres, otros ricos e incluso famosos, pero los aprecia a todos. Algunos de los amigos de él son excéntricos, unos son científicos o artistas, y otros incluso están en la cárcel. Son sus amigos de toda la vida.

Estos dos congenian desde su primer encuentro y probablemente siempre serán amigos. Aquí está un tipo interesado en todo lo que ella es. Pueden hablar durante horas, comparar opiniones, intercambiar historias, compartir ideas. Algo que ella necesita en una relación es mucho estímulo intelectual. Hay una docena de temas en los que está interesada, pero no ha tenido tiempo de explorar.

Él está dispuesto a darle el espacio que necesita, y eso es correcto, porque ya tenía una vida atareada cuando lo conoció. Ella tampoco lo presiona, así que saben que cuando se *ven*, es porque ambos quieren.

Quizás comparten el interés en una causa en la que creen. Por ejemplo, podrían trabajar por los derechos de los animales, o proteger el medio ambiente, posiblemente una causa cívica de algún tipo. Ambos luchan por los menos favorecidos.

Los dos están dispuestos a ir donde la vida los lleve, siempre y cuando puedan explorar un nuevo horizonte o iniciar una nueva empresa. Si pudieran entrever el futuro —y quién dice que no pueden— tal vez se verían en un lugar lejano tomados de la mano.

De un Piscis:
La persona que le leyó las cartas del tarot le dijo que conocería a un hombre que jugaría un papel importante en su vida, pero debía tener cuidado porque podría terminar herida. Luego conoció a un nativo de Piscis, justo cuando se pronosticó. Sin pensarlo dos veces, lanzó al viento la cautela y siguió adelante. Sin importar lo que alguien dijera, incluso un psíquico, si una mujer Sagitario quiere algo, nadie la hará desistir.

Al comienzo, como es natural, él es encantador. Se interesa en los proyectos de ella, es cariñoso con las personas y los animales, y es un amante maravilloso, romántico y atento. La hace reír, ¿y qué es mejor que eso?

Idealmente ella tiene un hombre Piscis que es auténtico y no está jugando, porque no es buena para detectar la falta de sinceridad o la falsedad. Cree en las personas y asume que son lo que dicen. Con algo de suerte, él no tiene un suceso trágico en su pasado que le impida tener una relación sana con una mujer.

Algunos hombres Piscis son soñadores que no pueden o no quieren permanecer con un trabajo. Si ella tiene este tipo de pez debe tener cuidado, porque puede ser demasiado generosa. No pensará dos veces en prestarle dinero o comprarle cosas. Pero tan generosa como es, odia que se aprovechen de ella. Se dará cuenta si él es un vividor. La mujer Sagitario *no* es una víctima.

¿Tuvo cuidado como se le aconsejó? No. ¿Fue herida? Sí, pero tiene un corazón feliz que sobrevivirá para amar otro día.

La mujer Capricornio
Diciembre 22—Enero 19

La niña Capricornio fue seria desde temprana edad y con una calmada confianza y el deseo de dar gusto a sus padres. Le fue bien en la escuela y entendía nuevos conceptos con facilidad. Era una líder con sus amigos y le gustaba actuar como maestra con los niños menores. No jugaba mucho con muñecas —actuaba ya sea como un muchacho o como una reina encantadora—. Tenía grandes aspiraciones en su vida y quería saber todo en el mundo para así poder ver en qué fijar su atención.

No era muy aceptada en la escuela: su familia se mudaba con frecuencia o eran de una religión o cultura diferente. A veces no se sentía aceptada en su propia familia debido a un divorcio o enfermedad. Tal vez a causa de su propio aislamiento, era compasiva con el compañero de clase de quien se burlaban o ponían en ridículo.

La relación con su padre era tensa por razones que no eran su culpa. Tal vez se sintió atraída por un amigo de la familia de mayor edad o de un maestro que era una figura paterna sustituta. Su fuerte deseo de tener éxito se convirtió en una forma de probar que efectivamente pertenece a algo.

Ella hacía favores con gusto a vecinos ancianos y le gustaba hablar con ellos sin tener en cuenta las diferencias. Era reservada al expresar sus sentimientos; amaba a sus mascotas porque podía abrirse emocionalmente a ellas.

Durante la adolescencia, no requería de supervisión constante. Tenía el sentido común para tomar buenas decisiones la mayoría de las veces y actuar como su propio padre. No dependía de la aprobación de sus amistades porque ya tenía una idea de a dónde quería conducir su vida. Tenía preocupaciones y dudas de sí misma, pero sólo la hicieron más resuelta para tener éxito.

Valoraba la educación superior por el conocimiento, naturalmente, pero su principal objetivo era el grado que le abriría las puertas. Sin importar dónde inició su profesión, terminará en la cima o cerca de ella.

Aunque era una romántica y pudo haber tenido varias relaciones amorosas, cuando llegó el momento de escoger un compañero para toda la vida, juzgó a los hombres con su lista mental de "cualidades que quiero en un marido". Si las "pequeñas capillas de matrimonio" en Las Vegas dependieran de las mujeres Capricornio, de inmediato se acabarían. Ella se siente segura en un matrimonio chapado a la antigua y hace de su marido la cabeza de la familia —aunque él gobierna, como un electo presidencial, según las condiciones de ella—.

Si tiene una profesión, es exitosa, mantiene económicamente a la familia, y nunca olvida que en su corazón es una criatura femenina. Si permanece en casa a cargo del cuidado de los hijos, mantiene el hogar firmemente organizado y los pequeños son criados con disciplina. Es una de las pocas mujeres que puede exitosamente dar la educación requerida para sus hijos desde la casa. Es un ejemplo excelente a seguir debido a su persistencia, valor y amor. Ayuda a su marido a tener éxito con su estímulo y consejos sabios.

Ya estará cerca de sus cuarenta años cuando moldea su vida a satisfacción. A medida que pasa el tiempo, sigue mejorando y siendo más inteligente. No llega a su cúspide hasta la mediana edad —o incluso después, pareciendo hacerse más joven a medida que envejece, y menos seria—. Se acepta a sí misma cuando acepta más a las personas y sus diferentes aspectos.

Como mujer madura, ha desarrollado sabiduría y profundidad. Ha luchado valientemente contra la depresión, los problemas de salud y los retos en las relaciones personales. Cuando mira hacia atrás y ve todas las cosas sobre las que ha triunfado, finalmente se da el mérito que merece.

La mujer Capricornio enamorada...

De un Aries:

A pesar de su actitud de "¿no soy magnífico?", él es sólo un chiquillo tratando de probarse a sí mismo, y una mujer Capricornio de fuerte carácter puede ahuyentarlo si no es cuidadosa. Hace mucho tiempo aprendió a suavizar su comportamiento para no amenazar el ego de un hombre. Si él sigue un plan que ella cree que está destinado al fracaso, con tranquilidad, pero segura de sí misma, lo ayuda a tomar una mejor decisión. A veces él, incluso acepta su consejo. Los dos hacen un excelente equipo en los negocios con el optimismo ariano y el sentido común capricorniano, pero necesitan áreas separadas de responsabilidad.

En una relación romántica, la situación es un poco más difícil. Ella le hace saber que lo ama y admira, pero todavía tienen opiniones contradictorias. Ambos deben estar dispuestos a negociar y transigir, pero un hombre Aries quiere hacer las cosas a su modo y no le gusta que sus intenciones o métodos sean cuestionados. Si pueden resolver las manías, cada uno puede dar algo a la relación que beneficie al otro. Ella puede aprender a relajarse y divertirse más, y él a ser más organizado.

Ella es más orientada al trabajo, y probablemente no dedicará tiempo para acompañarlo en uno de sus viajes de recreación. Si no tiene problema en que él vaya con sus amigos, a él no le importará ir sin ella.

Afortunado es el hombre Aries que tenga una mujer práctica y capaz que lo mantenga centrado. ¿Pero lo apreciará? Esa es la pregunta.

De un Tauro:

Este hombre es trabajador como una mujer Capricornio, e igual de práctico, pero nadie trabaja todo el tiempo. Cuando ella quiere relajarse y disfrutar una noche fuera, le gusta ir a un restaurante elegante, comer bien y saborear una excelente copa de vino. A ella le gusta la calidad en todas las cosas, pero él prefiere un lugar donde la comida sea como la hecha en casa y no haya que ir vestido en forma elegante. Pueden turnarse para escoger el restaurante, pero ella no estará satisfecha saliendo con un hombre que no se vea respetable. No le tomará mucho tiempo hacer que se quite esa vieja camiseta y los jeans desteñidos. Él quizás nunca tendrá el buen sentido del estilo de ella, pero lo hará lucir presentable, al menos cuando salgan juntos.

Él no encenderá fuegos acogedores a menos que tenga frío, ni la llevará fuera de la ciudad para pasar un fin de semana romántico a menos que sea parte de un viaje de negocios, pero se la llevan muy bien y ambos honran sus compromisos. Si él dice que hará algo, lo hace y viceversa.

Algunos hombres ven la dedicación de ella a su trabajo como una amenaza a sus egos, pero un hombre Tauro respeta su dedicación y admira su ambición. Él es feliz de saber que su rival es un trabajo, no otro hombre, y de todos modos, él es un individuo pacífico y no es propenso a formar peleas. Con tal que ella deje la cena en la nevera, él está contento. Si está bien alimentado y seguro, es incluso feliz por la oportunidad ocasional de estar solo y con todo el poder sobre el control remoto.

Estos dos tienen una base sólida para su futuro con actuar sólo en forma natural. Pueden no tocar las cumbres de la pasión, pero ninguno pasará por el valle de la bancarrota, y eso es magnífico.

De un Géminis:

Con una mujer Capricornio, un hombre Géminis debe enfrentar el hecho de que tiene una mujer sin tonterías, sólo en caso de que él estuviera intentando alguna.

Él toma las cosas a la ligera y ella las toma seriamente —esto casi resume la relación de estos dos; aquí hay muchas diferencias de estilo—. Por ejemplo, cuando ella saca a colación el tema de las pólizas y cuentas de ahorros, los ojos de él se cierran y ella sabe que ha sido ignorada. Con él, es mejor que se acostumbre a manejar por sí misma estas cosas, lo cual de todos modos es mejor porque ella consulta a expertos consejeros financieros y él le pregunta a su hermano o al vecino.

Viajar es una experiencia diferente para estos dos. A él le gustan los viajes repentinos, mientras ella quiere planear bien con anticipación. En cuanto a él, su mente se enfoca en las personas y lugares interesantes que verán. Ella piensa en que el viaje se ajuste a su presupuesto y planear qué empacar. Él puede cambiar de parecer respecto a dónde ir, mientras ella está comprando la ropa apropiada. Esto puede ser exasperante para ambos.

Para ella las metas en la vida tienen que ver con trabajar con dedicación y salir adelante. Él no ha planeado nada más allá del jueves. Cuando renuncia una vez más a otro trabajo, le da a ella cuarenta razones por las que fue necesario. Pero con el tiempo sus cambios y su incapacidad de permanecer enfocado en una cosa la pondrán bajo medicamentos antidepresivos.

Si permanecen unidos, con el tiempo ella puede ayudarlo a ser más responsable, y él puede ayudarla a ser más espontánea y despreocupada. Eso y la paz mundial, son posibilidades. El resultado más probable: él se aparta, ella se divorcia, ella se queda con la casa.

De un Cáncer:
Aunque estos dos son opuestos en muchos aspectos, su relación puede tener éxito si no se rinden muy pronto porque tienen algunas cosas en común. Ambos valoran la seguridad económica; si tienen dificultades en este aspecto, buscarán la ayuda necesaria para encarrilarse de nuevo.

Ambos anhelan remodelar y mejorar su casa, que llenarán con antigüedades heredadas y fotos de la familia. El reto se presenta debido a los temperamentos diferentes.

Él vive siempre al tanto de sus emociones, mientras que ella es práctica. Su amor lo prueba casándose, trabajando con dedicación por el futuro de los dos y criando una familia. Él por su lado necesita más seguridad que eso; quiere oír que tan feliz la hace y lo que ella aprecia de él. Desafortunadamente, esa no es su forma natural de actuar; no es ese tipo de mujer. Espera que todos sean independientes —como ella— y simplemente hagan lo que les corresponde.

Su profesión siempre será importante, y esto aumenta la ansiedad del hombre Cáncer si ella pasa *demasiado* tiempo lejos o cree que se dedica *mucho* a su trabajo.

Si son conscientes de estas diferencias de temperamento, pueden aprender a aceptarse como son. Ella puede aprender a ser más tierna y darle seguridad *parte* del tiempo, y él puede reconocer que el enfoque práctico y franco de ella no significa ni por un momento que no lo ama.

Si llegan a tener hijos, crecerán en un ambiente seguro y la educación superior será pagada. Puede no haber muchos momentos frenéticos en esta familia, pero tampoco habrá sorpresas desagradables.

De un Leo:
Incluso si ella ha descargado el lavaplatos mil veces, no debe olvidar decirle "buen trabajo, muchas gracias", si él lo hace una vez. Sí, eso fastidia, pero así es. Este hombre tiene que ser tratado con respeto y amor, siendo el rey y todo. Si ella lo recuerda, posiblemente les vaya bien. Debe pensar que él vale la pena, de lo contrario ella no se esforzará mucho.

Ella tiene un enfoque práctico de la vida y el amor, y el Leo necesita un club de seguidores. Es similar a los problemas que tiene con un hombre Cáncer, excepto que el nativo de Leo necesita aun más apreciación por sus acciones y logros. ¿Le dará los aplausos y el reconocimiento que él necesita? Lo hará si se le antoja. Cuando está contento en su matrimonio, un Leo es muy alentador; en realidad, disfruta ayudando a otros —así refuerza su superioridad—. Ella debe aún estar preparada para dar más.

Otra fuente de problemas es el enfoque diferente respecto al dinero. Ella quiere abrir una cuenta de ahorros o al menos pagar las cuentas. Él también quiere hacerlo, pero acaba de ver un televisor plasma de tres mil dólares que se vería fantástico en el salón familiar. Él sólo quiere lo mejor, cree que lo merece, y eso es lo que compra. Así pasa con ella, pero siempre y cuando tengan el dinero disponible.

De un Virgo:
¡Por fin! ¡Un hombre que no se queja de que ella trabaje demasiado! Virgo es un buen signo para una mujer Capricornio. Ambos trabajan con dedicación y están comprometidos con sus trabajos. Sin embargo, de los dos, ella es más ambiciosa. Aunque él se juzga de acuerdo a como se desempeña en el trabajo, no necesariamente tiene sus ojos en ser ascendido. Prefiere hacer lo que sabe y hacerlo bien.

Ella es la que tiene su mirada en el siguiente escalón en la profesión. Si uno de ellos tiene que renunciar a un trabajo para que el otro aproveche un ascenso y se traslade a otro lugar, probablemente será él. Cuando lleguen los hijos, estarán buscando una buena niñera.

Aun así, en ocasiones ella acepta el buen juicio del hombre Virgo. Aunque no le gusta seguir la dirección de nadie, reconoce que a veces sus ideas son casi tan prácticas como las de ella.

Esta relación puede funcionar para ella si no tiene demasiadas expectativas. Debe permanecer lejos de las novelas de amor pues sólo le mostrarán lo que no tiene con un hombre Virgo. En una palabra: romance —ella de todos modos no lee ese tipo de cosas—. Si lo acepta por lo que es —un tipo trabajador, sin adornos inútiles y práctico— tendrán una oportunidad. Habrá pocas peleas por dinero y probablemente él deseará que ella maneje las cuentas. Debido a que la seguridad económica es una de sus necesidades básicas, estará feliz de hacerlo.

De un Libra:
Ambos admiran las mejores cosas de la vida y los lujos que el dinero puede comprar. Prefieren la calidad a la cantidad, pero allí es donde termina la semejanza.

Ella cree que hay que trabajar por cualquier cosa que vale la pena tener, mientras él cree que las cosas buenas llegan a quienes las piden o saben como aprovechar la oportunidad. Ella no respeta a un hombre que quiera algo a cambio de nada. Trabaja duro para sentir que merece lo que consigue, así que dicha actitud la irrita al extremo.

Los fines de semana son algo como esto: ella está ocupada lavando, cocinando y guardando en la nevera los alimentos de la semana siguiente; él está ocupado viendo deportes. Ella no se da cuenta de que él mantiene su equilibrio trabajando con gran esfuerzo y luego descansando por completo para compensar. Si ella le pide que arregle la máquina de cortar el césped, él murmura, "está bien, cariño", pero nunca lo hace.

Es agradable tenerlo cerca, y eso es lo que le atrajo de él en principio, pero puede ser una relación difícil. Ambos quieren tomar la delantera, pero él lo hace de una forma más diplomática, esto es, dice lo que sabe que ella quiere oír, y luego procede a hacerlo a su modo. Ella toma el enfoque directo y lo dice como es. Luego se desilusiona cuando se da cuenta de que él no siempre dice lo que piensa.

Si él estuviera buscando a alguien que le ayudara a tomar decisiones, ella estaría dispuesta. Con su sabiduría y sentido común, sugiere la mejor proposición todas las veces.

De un Escorpión:
La mujer Capricornio cree que puede comprender todo lógicamente. ¡Luego se encuentra con este fascinante hombre Escorpión! Él es intrigante, excitante y misterioso. No sigue ninguna de las reglas que ella ha establecido para las relaciones, así que la mantiene un poco desequilibrada —una sensación a la que no está acostumbrada—.

Estos dos signos no tienen diferencias obvias; sólo una diferencia en cuanto a su perspectiva de la vida. Ambos son leales y creen en el amor verdadero, pero ella puede averiguar que la idea de fidelidad del hombre Escorpión es diferente a la suya. Él le es fiel a ella a su modo, esto significa mentalmente, no necesariamente de forma física. A él le gusta tener una vida secreta, una amiga, o algo, que nadie más sepa que existe. Ese es su lado *secreto*.

Ambos quieren tener éxito y poder, pero el éxito es más importante para ella, mientras que para él es el poder. El hombre Escorpión cree que mantiene una ventaja si las personas no saben todo sobre él o lo que está pensando. No es fácil acercarse a este tipo de hombre. Ella toma decisiones basadas en la información que tiene, y si él no le deja conocer sus pensamientos y sentimientos interiores, tendrá la ventaja. Desafortunadamente, ese es el juego que él juega.

Esta mujer franca nunca comprenderá a un hombre Escorpión. Él tiene ocultas emociones profundas que ella no logrará entender, y a pesar de sus notables capacidades directivas, nunca podrá cambiar a este hombre en algo distinto de lo que ya es. Entonces para ella, ¿es esto justo?

De un Sagitario:
El hombre Sagitario no quiere ser la cabeza de la familia —sólo desea ser un tipo corriente con pocas responsabilidades, así que es feliz de dejarla tomar las decisiones importantes—. Eso resuelve un problema.

Podrían dirigir una empresa juntos y ser un equipo imponente. Pero vivir juntos en una relación íntima es más difícil para lograr resultados exitosos. En cuanto a él, su concepto de la vida parece poco realista para ella —ciertamente no está centrado en la realidad como lo está la capricorniana—. Él puede haber sido divertido y excitante cuando iniciaron la relación, pero su actitud despreocupada con el tiempo empieza a cansarla. Después de todo, ella quiere hijos, y eso significa que necesita a alguien con quién pueda contar. Desea seguridad económica, y eso significa mantener un presupuesto.

Su carisma la deslumbró inicialmente. ¡Él quiere divertirse y experimentar la vida al máximo! Él no piensa en su cuenta bancaria si un amigo lo llama e invita a una excursión al Gran Cañón. Toma el tiempo libre, incluso si no se lo pagan.

Aun cuando él trabaja, encuentra una forma de hacerlo emocionante. Trata de asegurar que su trabajo incluya viajar, si es posible. No hay nada que lo emocione tanto como ver algo nuevo por primera vez. Ella quiere conservar y ahorrar, trabajar primero y divertirse después.

Otro obstáculo podría ser sus conceptos religiosos. Mientras él tiene una comprensión amplia de la espiritualidad, ella puede aferrarse a la religión tradicional de su familia.

Esta posible pareja parece imposible. Deberían renunciar a la idea antes de que hayan profundizado demasiado, o de lo contrario asegurarse de que su seguro cubra terapia matrimonial.

De otro Capricornio:

Dos capricornianos pueden compartir los valores de trabajar con dedicación, ahorrar para el futuro y ser leales a la familia. Crían a sus hijos para que sean concienzudos como ellos y esperan que trabajen por el dinero que reciben; los llevan a la iglesia y los educan para que sean buenos ciudadanos.

Si tienen hijos bajo el signo Géminis, Sagitario o Libra, habrá discusiones y un cierto grado de trastornos familiares a medida que crezcan y empiecen a apartarse de las reglas estrictas —y para ellos, restrictivas— con las que fueron criados.

Esta pareja probablemente provino de una buena formación familiar, porque eso es importante para ellos encontrar esta característica en su compañero. Poseerán bellas antigüedades heredadas de sus respectivas familias, aman la tradición y valoran la herencia del pasado. Cuelgan con cuidado las decoraciones en el árbol de Navidad que ha sido usado por generaciones.

Pero hay un pequeño inconveniente. Él es el que manda en su trabajo y puede trasladar este comportamiento a su vida familiar. Por ejemplo, no sabe más que ella en inversiones y finanzas, pero *cree* que sí. Podría decir, "esto es lo que deberíamos hacer", olvidando la capacidad que ella posee y a su vez creando tensión entre los dos.

Ambos necesitan hacer un verdadero esfuerzo para crear diversión y relajación en sus vidas —en otras palabras, no tomar las cosas tan en serio—. Sus hijos les ayudarán a ser conscientes al respecto. Reservar un día a la semana para salir a divertirse es una buena idea. Necesitan un tiempo solos para mantener sana su relación.

De un Acuario:

Aquí está un dúo interesante; no bueno, pero interesante. A ella no le gusta lo inesperado y él prefiere lo contrario. Naturalmente, ésta es una pareja hecha en el cielo por alguien con sentido del humor.

Considere algo tan simple como escoger dónde comer. Él quiere ir a ese nuevo restaurante de sushi del que ha oído hablar en su trabajo; ella quiere ir a uno de sus restaurantes favoritos donde sabe qué pedir y que lo disfrutará.

Después que se acaba la diversión inicial de la relación, ella quiere establecerse en un ambiente doméstico de felicidad. Justo la palabra "establecerse" es inquietante para él. No quiere estar atado, ni ahora ni nunca. Odia la rutina y hará algo totalmente exagerado, sólo para ver qué pasa. Ésta no es una buena pareja para mantener la serenidad.

En cuanto al hombre, sus amigos juegan un papel importante en su vida, y el matrimonio no significa que seguirá pasando tiempo con ellos. Si él los invita a la casa demasiado, ella se molesta porque le agrada la vida familiar, y eso incluye no tener compañía.

Es posible que él se ausente con frecuencia. Sus intereses son numerosos y le fascina todo lo nuevo, desde una religión hasta un invento o un lugar —y todo aquello de por medio—. Puede parecer distante porque incluso cuando está presente físicamente, su mente se encuentra en muchos lugares. Sólo cuando se siente segura en una relación florece su lado seductor. Con un hombre Acuario, ¡eso es ir un poco lejos!

De un Piscis:

Esta mujer puede no ser lo suficientemente sensible para un hombre Piscis. Él piensa, "cuando ella ve que estoy perdido, encontrará la mejor forma de ponerme de nuevo en mi camino". Ella piensa, "tienes que ser responsable por ti mismo!", La mujer Capricornio es fuerte y respeta la fortaleza en los demás. En el caso de él, su buen instinto para los negocios y su capacidad para juzgar pueden ayudarlo en su profesión, pero si se apoya demasiado en ella, le perderá el respeto. Ella no es alguien que expresa compasión, por eso a veces parece poco afectuosa e incluso fría, y aunque puede demostrar un alto grado de sensibilidad, a veces hay que recordarle cómo suenan sus palabras desde el punto de vista de él.

Si una pareja no puede ponerse de acuerdo en asuntos de dinero, podría separarse, y la forma en que estos dos enfocan las finanzas es totalmente distinta. El dinero no es lo más importante para él. Tampoco lo es para ella, pero está cerca de la cabeza de la lista. Él se siente mal por cada alma que se encuentra con problemas. Un buen amigo, pariente lejano o un hombre que conoció en el bar local —para él todos merecen ser ayudados y quiere hacerlo—. A veces es sólo un consejo o una voz de aliento lo que necesitan, pero muy a menudo es en la forma de dinero efectivo. Ella ve con desdén muchas de sus causas buenas, especialmente cuando presta dinero a alguien que nunca lo devolverá. No siente compasión por quienes hicieron malas elecciones. Pronto él empieza a esconderle sus actos, lo cual conduce a un hábito de evasión y mentiras.

Si él es un Piscis con un buen sentido de sí mismo, disfrutará la capacidad de ella. De otra manera, estará amenazado, ella perderá interés, y la unión no durará. Tan simple como eso.

La mujer Acuario
Enero 20–Febrero 18

La pequeña Acuario parecía ser dos bebés diferentes —dócil y contenta en ocasiones, pero otras veces exigente e inconsolable—. Su madre no podía decidir exactamente qué tipo de bebé... Esa es la mujer Acuario —un puñado de contradicciones—.

De niña acumulaba amigos y conocidos de todo tipo. No era una seguidora, pero necesitaba la aprobación de sus amigos. En otras ocasiones, pasaba horas felices sola, inventando juegos para satisfacer su curiosidad e imaginación.

Siempre se identificó más con la forma de ser de su padre que con los instintos domésticos de su madre. Parecía poco probable que tuviera una amiga íntima como la mayoría de las niñas, en su lugar prefería la compañía de los niños. Esta forma de ser permaneció con ella mientras maduraba, y todavía se siente más a gusto en el mundo de los hombres.

Al menos una vez durante su infancia, tuvo que reconstruir su mundo cuando la familia se trasladó a otro lugar o sucedió algo inesperado. Han ocurrido cambios durante toda su vida, pero ella siempre se acomoda y sigue adelante.

Durante su juventud, sus padres quedaban perplejos cuando se rebelaba en contra de lo que le enseñaban. Entendía los puntos de vista de ellos, pero tenía sus propias ideas y no le importaba expresar sus opiniones. Odiaba las reglas que limitaban su libertad, ya era de mentalidad abierta y aceptaba estilos de vida alternativos. Puede haber experimentado sexualmente o adoptado una religión diferente para probar que debería vivir la vida a su modo.

Hubo al menos una ocasión en que se enamoró profundamente. La forma tan rápida como sucedió y su falta de cautela se hizo memorable. Descubrió que podía ignorar las reglas de la sociedad con pocos remordimientos —de todos modos, estaba acostumbrada a sentirse diferente—.

Durante su edad adulta, su vida puede tomar muchos caminos debido a que su imprevisibilidad hace imposible generalizar.

Su matrimonio tiene que ver con la igualdad porque no lo tendrá de otra forma. Se dedica con esmero a su vida como esposa y madre, ofreciéndose de voluntaria en la escuela de sus hijos, y probablemente también en la iglesia o en la comunidad con diferentes causas que benefician la sociedad. Maneja su profesión del mismo modo; comparte su conocimiento dondequiera que se necesite.

Sigue teniendo muchos amigos, pero pocos íntimos. Está adelantada a su tiempo y se interesa en lo que sea nuevo: tecnología, ideas, estilos de vida, avances médicos, personas y en general en todo.

Tiene un raro sentido del humor y algunas ideas bastante extrañas. Cuando está enfadada su sarcasmo es notorio, pero es tan divertido que hace reír a la gente.

Como mujer madura, ha decidido que quiere sus peculiaridades y excentricidades. Ha crecido en confianza en sí misma y serenidad interior.

Finalmente, aprenderá a cuidarse de sí misma y no sólo lo hará por los demás. Aprenderá a expresar sus emociones y estará dispuesta a ser vulnerable compartiendo su ser interior. Y lo más importante, aprenderá a pedir el afecto y amor que necesita.

Su título es, "la más probable en hacer lo improbable". Es interesante, imprevisible y quiere dejar este mundo en mejor forma por el hecho de haber estado aquí.

La mujer Acuario enamorada...

De un Aries:

Es atraída hacia un hombre Aries más por curiosidad que por cualquier otra cosa, porque los hombres dominantes no son sus favoritos. Se da cuenta que no está encantada con él, y eso despierta su interés. Usualmente ella no se precipita a nada, pero si la atrapa en el momento apropiado en su vida, podría hacerlo. Con ella es difícil predecir.

No lo presiona por promesas en cuanto al futuro, lo cual es un alivio para él. Perderá su interés si él toma una actitud machista con ella, pero está fascinada por su espontaneidad —le aburre la rutina tanto como a él—. Dice lo que piensa y a ella también le gusta eso en él.

Su vida ya estaba ocupada cuando lo conoció, y no va a renunciar a ninguno de sus intereses. Con el tiempo él puede creer que está ignorándolo o no le da la prioridad —¡y eso es difícil aceptarlo!—. Parece querer las dos cosas. Le gusta que ella no necesite que esté a su lado todo el tiempo, pero quiere ser el número uno para ella. Sin embargo, le encanta hacer cosas de hombres con sus amigos regularmente, y eso le da a ella una amplia oportunidad de hacer lo suyo.

Ella tiene amigos de todas las edades, orígenes y condiciones de vida, y él tiene que entenderlo y no sentirse amenazado, lo cual afecta a menudo al ariano. Siempre que no trate de dominarla, tendrán una buena oportunidad. Tienen un buen entendimiento en lo relacionado al dar y recibir, y esa es la forma que ella prefiere.

De un Tauro:

La atracción física está presente, pero estos interfieren en su forma de ser mutuamente. Ella no se ajusta al rol tradicional de las mujeres. Como Hillary Clinton, no está ahí para hacer galletas y apoyar a su hombre. Necesita un tipo tolerante y comprensivo que no venga con ideas preconcebidas de lo que ella debería ser. No puede ser demarcada porque no se ajusta a ningún molde.

Él es básicamente un tipo sencillo que no necesita una vida exótica o complicada. Cuando ella trata de cambiarlo o involucrarlo en sus causas sociales, él se resiste. Esta vida tranquila es monótona para ella.

Él vive en el aquí y ahora, pero ella siempre está pensando en el futuro. Tiene muchos amigos y conocidos, y recibe invitaciones de toda clase de eventos y fiestas. Él disfruta la vida de hogar más que ella, pero puede ser persuadido para que salga; ella sabe cómo lograrlo.

Él tiene dificultades adaptándose a las ideas poco convencionales de esta mujer. Cuando ella se sale por la tangente sin advertencia, le es difícil lidiar con la situación. Su comportamiento es predecible y odia las sorpresas, nunca la entenderá y tendrá que hacer algunas concesiones si quieren coexistir de manera tranquila. Ella tiene que estar loca por él para aguantarlo.

Ambos se afirman en sus opiniones y mutuamente se consideran tercos, y lo son, pero especialmente él. Ella, por lo menos, cambiará de parecer cuando reciba más información, pero es difícil que se convenza basada en la opinión de él solamente. Si descubren que no son compatibles, ella será la que termine.

De un Géminis:
Para ella, el amor comienza con el compañerismo y eso está bien con él, así que su romance se inicia como dos amigos divirtiéndose. A ella le atrae su mente más que su cuerpo, y él disfruta de una mujer interesante, así que tienen un buen comienzo. Disfrutan los juegos mentales y las trivialidades. Ella sabe quién ganó los premios Oscar el año pasado y quién fue la actriz que actuó junto a Tom Hanks en *Big*. Él recuerda quiénes jugaron en las finales del fútbol americano en los últimos diez años y quién inventó la computadora personal. Los dos tienen bajos cocientes de aburrimiento, así que encontrarán toda clase de cosas para hacer: los eventos sociales, el cine, las conferencias, las noches jugando juegos con amigos. También disfrutan compartir su música y sus libros.

Son compatibles, pero también pueden alterarse los nervios mutuamente; es imposible predecir algo con estos dos. Debido a que ella es más sabia que él en un sentido subconsciente y espiritual, será la más tolerante y la que más cede al discutir, a menos que él distorsione la verdad —si es así se sentirá enojada—.

Si ella llora cuando discuten, él no responde con palabras tiernas. Es más probable que se marche o se quede y empeore las cosas pareciendo ser indiferente a su dolor. No es así, simplemente no soporta las escenas sentimentales.

Probablemente seguirán juntos un largo tiempo antes de que decidan casarse. Si nunca lo hacen, quizás permanecerán como amigos y de todos modos ésa es tal vez una mejor solución —requiere menos valor y fe—. Si se casan, usualmente superan sus desacuerdos con un poco más de buena voluntad y negociación.

De un Cáncer:
Una mujer no debería entrar en una relación con un hombre al que quiere cambiar. Sin embargo, eso es precisamente lo que ocurre con estos dos.

Ella se la lleva bien con alguien que le dé espacio y no se queje si está ocupada y a menudo lejos de casa. Él quiere estar con ella, pero odia tener que acompañarla en todas sus funciones. Se pone de mal humor si tiene que hacer su propia cena y comer solo con frecuencia o aunque sea una vez.

Él quiere saber a qué atenerse, así que es difícil para su sentido de seguridad cuando ella sale con sorpresas, como cuando renunció a su empleo y decidió dedicarse a las ventas, o cuando anunció que iba a empezar a dar una clase de yoga los martes en la noche. "Al menos", piensa él, "pudo haberme preguntado primero". Ella hace lo que puede para ser considerada, a menos que esté muy ocupada y preocupada para caer en cuenta.

Al igual que a él, le gusta acumular cosas —no porque sea sentimental o una coleccionista de cosas inútiles como él, sino porque son parecidos.

Ésta es una relación difícil con poca probabilidad de éxito, pero aun así es posible. Si ella sabe qué rol juega al perpetuar los problemas que tienen, podría cambiar su actitud hacia él y comenzar el proceso de recuperación. Si él es un cangrejo con un buen sentido del humor, eso ayuda, pero debe respirar profundamente y dejarla ir para conservarla. Al final, ambos quieren las mismas cosas; simplemente tienen personalidades diferentes y formas de conseguirlas.

De un Leo:
Una mujer Acuario sabe que un hombre es el apropiado si se siente totalmente amada por él cuando está siendo ella misma por completo, porque no fingirá ser lo que no es.

Él no se burlará de sus ideas o de lo que ella cree. Eso no significa que no tenga su opinión particular. Con su actitud de vivir y dejar vivir, él no tiene la necesidad de probar que alguien más está equivocado, siempre que sea el tipo de león seguro de sí mismo.

Por ejemplo, si a ella le interesa la astrología, él la escucha mientras lee la carta de compatibilidad que imprimió para ellos de la Internet. Con un toque condescendiente en su tono, él comenta lo bien que se ajusta a los dos, incluso si no está de acuerdo cuando señala su necesidad de reconocimiento.

Sin embargo, hay unas cosas en las que deben trabajar. Ella cree en la igualdad absoluta de los sexos, así que naturalmente le molesta cuando él cree que puede decidir a cuál restaurante irán, por ejemplo, o cuándo deberían tomar sus vacaciones. Él siempre cree que sus deseos y necesidades están por encima de las de los demás, pero ella no lo deja sumisamente hacer lo que quiere, y podría usar métodos inusuales para hacer justicia, como inventar un esquema complicado para ver cuando y quien escoge las cosas.

Si ella sale apresurada a una reunión y lo deja para que se valga por sí mismo, él puede quedar muy enojado, lo cual es en sí molesto.

Con el tiempo él podría aprender a ser más desapegado e independiente como ella, y ella a su vez podría adoptar el optimismo de él, pero eso es posible después de que algunos años de matrimonio los hayan ablandado.

De un Virgo:
El hombre Virgo quiere tener todo organizado y todos sus libros en hilera. La mujer Acuario es vigorizada por el caos y vive demasiado ocupada para mantener una casa perfectamente limpia. La forma en que viven indica la manera en que funcionan sus mentes, así que estos signos presentan un claro reto en la relación. Deberían examinarse mutuamente, preferiblemente a distancia, antes de ser más que amantes.

Él nunca olvida un rostro, un nombre, una cita o una dirección. Él analiza y planea su siguiente movimiento. Ella por su lado tiene una especie de nubla mental que deja su cerebro abierto a sus ideas originales y presentimientos increíblemente precisos.

Ella prefiere las personas que son diferentes o inusuales de algún modo, mientras él es la imagen de lo convencional. A menos que él tenga una pizca de excentricidad, ella nunca estará satisfecha siguiendo el largo camino del matrimonio a su lado.

Para él sus necesidades son simples: un trabajo satisfactorio, una vida de hogar cómoda y probablemente hijos. Ella ve el mundo de manera diferente y se involucra en diversos asuntos y causas. Necesita la libertad para seguirlos, dondequiera que la guíen. Además, lo que quiere hacer hoy puede cambiar mañana. Esto desconcierta por completo al hombre Virgo y lo deja intranquilo.

¿Están sintonizados mentalmente? No. ¿Fascinados mutuamente? Tal vez, aunque no lo suficiente para superar los obstáculos. ¿Quizás si residen en casas separadas? A ella podría gustarle la idea, pero es demasiado fuera de lo común para él.

De un Libra:
Una mujer Acuario es una gran anfitriona que recibe con una sincera alegría a todos en su casa y se asegura que tengan todo lo que quieren. Un hombre Libra también es así, por eso no hay una pareja más encantadora en cuanto a reuniones sociales se trata. Cuando no están recibiendo amigos, les gusta asistir a fiestas y otros eventos o salir a cenar, sólo los dos. Les encanta ser muy especiales con su mejor amigo(a).

Ambos son curiosos intelectualmente y les gusta compartir ideas y comparar filosofías. Disfrutan la conversación y pueden acordar qué programas de televisión verán. Pero deben ser conscientes de las siguientes diferencias.

Él necesita paz y armonía en su entorno. Ella también prefiere eso, naturalmente, pero no es su prioridad, y podría tener una repentina explosión de ira cuando él menos lo espera. Esto lo asombra y confunde porque reprime su disgusto sólo para mantener la calma. Ella puede no ser tan diplomática, pero es más franca y desea que él pudiera ser más honesto respecto a sus sentimientos. Cuando él es presionado hasta su límite —como cuando ha estado trabajando en exceso—, puede ser frío y distante y aun así no ser franco con lo que está pensando.

Con más frecuencia es una persona considerada y fácil de estar a su lado, y si es sorprendido por algunas de las ideas estrafalarias de ella, sabe ser caballeroso para no demostrarlo.

Para él el amor es tan necesario como respirar. La amistad es igual de necesaria para ella. Si confía en él, podrían encontrar amor y amistad duraderos. Sin embargo, si deja de confiar, será difícil que se unan nuevamente.

De un Escorpión:

Por fin, una mujer que no actúa como si él acabara de venir de Plutón cuando menciona el tema de la proyección astral. Ella puede seguir la mente inquisitiva del hombre Escorpión a donde vaya, e incluso enseñarle una que otra cosa. Ambos son personas independientes que hacen exactamente lo que quieren y no son conformistas. Su relación será interesante y edificante, sin mencionar impredecible.

Quieren saber qué activa al otro y disfrutan de investigar sus secretos mutuamente. Ella usa el enfoque directo y hace preguntas que él no va a responder con honestidad, aunque ella cree que lo hace. Él es engañosamente despreocupado, usando toda clase de métodos furtivos para entrar en los detalles privados de la vida de ella.

No se da cuenta que él reacciona con fortaleza en casi todo, porque no comprende el ambiente cargado emocionalmente en el que él habita. Ella se desconecta mentalmente cuando no le gusta lo que oye. Si tienen una discusión, la olvida al día siguiente, pero él todavía sigue inquieto al respecto una semana después.

Ella siempre quiere compartir su relación con sus amigos, pero él por el contrario protege su privacidad hasta el extremo. Si averigua que ella habló de él, sin importar cuán inocente o inofensivo haya sido, la tildará de culpable.

Otro obstáculo: ella tiene amigos de todas las clases y no va a renunciar a ellos. Los famosos celos de Escorpión intentarán frenar eso. Es un accidente a punto de suceder.

De un Sagitario:

Esta mujer no necesita poseer su hombre, y un hombre Sagitario de todos modos no la dejaría, así que no hay problema. Son iguales y se dan mutuamente el espacio para ser ellos mismos. Ninguno es especialmente impresionado por el dinero o el prestigio y ambos disfrutan individuos de todas las condiciones, pero cuando desarrollan una relación íntima, generan chispas y su fuego acogedor puede convertirse en un gran incendio. Usualmente él no es mandón o dominante, sólo le gusta hacer su voluntad, pero a ella no le agrada que la persuadan a hacer las cosas. Sorprendentemente pueden superar estos inconvenientes con poca o ninguna amargura.

Él vive en función de la aventura y ella está dispuesta a explorar algo nuevo y diferente. Ambos tienen muchos objetivos y muchas cosas que quieren realizar. Comparten la curiosidad por el mundo, sus habitantes y todas las rarezas que posee. Ella tiene una forma más intelectual de explorar, y él, una más física. En vacaciones, mientras él está buceando, ella podría estar sumergida en un libro sobre curación con las manos o la cábala. Ambos tienen la capacidad de darse a sí mismos espacio y eso es importante.

Cuando él, con su usual lado indiscreto, fanfarronea y exagera, ella por lo general ignora sus comentarios y no los toma a pecho. En cuanto a ella y sus pequeñas idiosincrasias, no hay duda, es rara en ocasiones, pero su comportamiento excéntrico, en lugar de asustarlo o desanimarlo, es probable que lo divierta.

Ella tiene muchos amigos y es mejor que él los apruebe, porque de otra manera se lo dice. Ella se ríe entre dientes cuando los llama por teléfono para invitarlos a almorzar.

De un Capricornio:

Decir que un hombre Capricornio es más convencional que una mujer Acuario, es como decir que Bush es más republicano que Clinton. Ella busca lo que es apropiado para sí misma sin importarle las opiniones de otras personas. Cree en la verdad, al igual que él, pero es su interpretación personal de la misma. Sin embargo, ella respeta a un hombre que se mantiene fiel a sus principios, incluso si no está de acuerdo con ellos.

Ella trabaja a su lado si tienen su propia empresa, y con gusto se entrena para cualquier trabajo que se necesite, pero cuando tratan de tomar decisiones conjuntamente, se meten en problemas. Él quiere hacer las cosas a su modo, pero ella no cede a sus opiniones. Sin embargo, si alguien va a cambiar, probablemente será ella, porque los hombres capricornianos son firmes en sus enfoques desde el principio. Ella por su parte no puede ser forzada y tiene que tomar sus propias decisiones.

Ella sugiere nuevos métodos y formas diferentes de hacer las cosas, pero no es lo mismo con el capricorniano. Él no se siente bien con algo que no haya pasado la prueba del tiempo y desea hacer las cosas como las hizo su padre.

Difieren en cuanto a la vida social y lo que prefiere hacer cada uno. Ella disfruta de cualquier ocasión para mezclarse con un grupo, y si es por una buena causa, tanto mejor. Él no se siente cómodo en un salón lleno de personas que no conoce; disfruta su rutina y no quiere que nadie lo saque de ella.

Aunque son personalidades diferentes, sus diferencias pueden funcionar a su favor si tienen una buena comunicación y están dispuestos a hacer concesiones.

De otro Acuario:
Un hombre de cualquier otro signo va a pensar que tiene demasiados amigos, pero sólo este hombre aprecia lo que significan para ella. Ambos se sienten mejor con un amigo que con un amante; es menos limitante. Un par de acuarianos pueden ser amigos íntimos y platónicos durante mucho tiempo antes de que su relación avance hasta la etapa del romance.

Cuando se casan, tienen cientos de personas para invitar a la boda, incluyendo al ex de ella y su familia y la ex de él y sus hijos. ¿Confundido? Se requiere de un acuariano para mantener las cosas claras y para que todos se la lleven bien.

Quieren casarse en la cumbre de una montaña, en un barco u otro lugar inusual. Por lo menos, habrá algo que distinguirá su boda.

Que tengan el mismo signo solar, no significa que están completamente de acuerdo en todo. Si difieren en convertir o no la sala en una oficina o pintar la alcoba de color fucsia, van a proponer una forma única de decidir el asunto —tal vez piedra, papel, tijeras—.

Su familia puede ser un desorden porque tienen demasiados asuntos que atender. Cuando comparan sus calendarios, ven que es imposible cumplir con todos sus compromisos. En la Navidad, necesitan al menos cuatro cajas de tarjetas y no siempre tienen tiempo para enviarlas.

¿Cómo será una relación entre dos acuarianos? Ésa es la pregunta que se hace cualquiera, porque nunca hacen lo esperado. Un riesgo es la dificultad de mantener vivo el romance cuando la cocina siempre está llena de gente. Por otra parte, pueden relacionarse tanto con sus mutuos amigos, que a él o ella le empieza a atraer uno de ellos.

De un Piscis:

Un hombre Piscis —tan bueno en el juego de roles en la vida real— puede ayudarla a llevar a cabo sus fantasías de alcoba, desde el plomero simpático hasta un agente secreto. Ojalá él muestre su ser real el resto del tiempo. Por lo general este hombre no disfraza intencionalmente lo que es, aunque algunos ciertamente lo hacen. Es tan inconsistente, que podría convertirse en alguien más el mes siguiente o el próximo año.

A él le atrae la informalidad de la acuariana, y a ella le fascina su humor y disposición para burlarse de sí mismo. Congenian estupendamente al principio, pero ella se disgusta con cualquier insinuación de deslealtad o deshonestidad.

Si él es uno de esos Piscis que no sabe cómo lograr seguridad económica o incluso conseguir un trabajo bien pagado, ella perdona sus limitaciones y de buena voluntad brinda ayuda en la forma que puede. Pero si continuamente él da su dinero o cosas a cualquier persona o causa que cree que los necesita más, ella se harta de la situación. Cuando sus ahorros se agotan, lo mismo sucede con su paciencia.

Hay tantos "tipos" Piscis como peces en un acuario, así que esta relación puede variar mucho, al igual que el encanto entre ambos. Puede tener una base espiritual, caso en el cual se ayudarán mutuamente a alcanzar nuevas alturas. O pueden tener un propósito mutuo que buscan juntos para hacer del mundo un mejor lugar.

182   La mujer Acuario

Pueden hallar la felicidad, pero también pueden encontrar el desencanto. Ambos aguantarán hasta cierto punto el dolor causado por el otro antes de que ella le termine la relación, o él se aleje de ella.

La mujer Piscis
Febrero 19 – Marzo 20

Una niña Piscis es un raro obsequio como hija —femenina, obediente y dulce—. Puede ser feliz estando sola durante horas, especialmente si le dan toda una variedad de materiales para artes manuales. Su gran imaginación da a lugar las creaciones más extraordinarias. Después, la lectura se convierte en un escape para ella y le gustan especialmente las historias de fantasía y magia donde fantasmas, duendes, hadas y toda clase de seres sobrenaturales existen en lugares ultramundanos. Empezando con *Alicia en el país de las maravillas* y luego continuando con *El señor de los anillos* y las novelas de amor, su corazón se siente a gusto en un mundo de fantasía, a menudo más que en el real.

Ella no está segura de lo que quiere ser cuando crezca, y ni siquiera está segura con quién preferiría jugar o qué desea hacer. Deja que sus amigos tomen la iniciativa y es feliz siguiéndolos. Cuando juegan a cuentos de hadas, no tiene que ser la Cenicienta; puede hacer el papel del príncipe o incluso de la madrastra. Su papel más exacto sería el de el hada madrina compasiva, porque incluso desde niña, una Piscis quiere ayudar a alguien necesitado.

Usualmente hay una parte trágica en la existencia de una chica Piscis —algo que le sucede a ella o a alguien cercano que permanentemente nubla su percepción de la vida—. Podría ser maltratada de algún modo, ya sea por uno de los padres, un pariente o su entorno —alguien o algo falla al protegerla. Ella entiende que la tristeza es parte de la vida y tal vez por eso busca inconscientemente el aspecto siempre feliz de la fantasía.

La típica adolescente Piscis es difícil de describir, porque es distinta con diferentes personas y cambia según su entorno. Siendo adolescente, no está segura de qué tipo de muchacho es apropiado para ella. Sólo sabe que necesita amor y aceptación, y va en su busca, a veces donde es menos probable encontrarlo. Parece que tiene la tendencia de escoger al hombre equivocado, como si ser herida fuera inevitable. Debido a que no está segura de su propio valor y necesita que alguien lo afirme, se vuelve dependiente y a veces acepta malos tratos.

Ella es tan tierna que se conmueve hasta el punto de llorar por el nacimiento de un bebé o la belleza de una montaña cubierta de nieve, pero cuando llegan los problemas, ella misma se sorprende de su fortaleza. Al madurar, a menudo se ha casado más de una vez o al menos ha tenido varias relaciones serias, consumadas o no. Ha probado como sobrevivir recibiendo fuertes golpes y aprendiendo lecciones difíciles, como no rendirse ante otra persona y que tiene el valor para cuidarse.

Se identifica con los sentimientos ajenos y su instinto natural siempre ha estado dispuesto a ayudar a un amigo en problemas. Se ha dado cuenta que la negatividad la afecta profundamente, así que cuando es posible, se rodea de personas alegres y optimistas.

Ha aprendido a amarse a sí misma y no poner siempre las necesidades de los demás delante de las suyas —es sano ser un poco egoísta—. Ahora que no lo *necesita*, está lista para la relación que ha soñado.

La mujer Piscis enamorada...
De un Aries:
Un hombre Aries puede arrollar a una mujer Piscis con su personalidad enérgica y electrizante. Si ella se encuentra en la etapa en la que no está segura de lo que quiere, la fuerza y la resolución de este hombre son confortantes. Y sin embargo, nunca existieron dos personas tan diferentes.

La mujer Piscis ve la vida como un misterio en continua revelación; una serie de sucesos conectados y relaciones personales complicadas. Para él, si no puede verlo, no piensa en ello, así que lo inconocible no tiene significado. Está en la búsqueda de sus metas y aventuras personales. Sin embargo, hay cierta conveniencia para esta relación —él es de un signo muy masculino y el de ella uno muy femenino—. De esa forma, es perfecto el uno para el otro, como Romeo y Julieta, si Romeo no hubiera sido tan buen poeta.

Ella trabajará para él, estará a su lado y lo amará, incluso si está dando mucho más que él. No lo confrontará —no es su estilo—. Con el tiempo, ella puede usar una de las "50 formas" para liberarse, incluso si tiene que subir al autobús. Por un largo período, repetirá pequeñas escenas en su mente, tratando de tener sentido de la experiencia entera. Se da cuenta de que hizo mucho trabajo por el cual él recibió el mérito.

La confianza de este hombre le da fuerza para confirmar sus propias creencias. Reconoce que puede formar una opinión *antes* de que todos los datos estén disponibles, porque nunca lo están. Y sabe que si no pide lo que necesita, nadie sacará el tiempo para imaginarlo. Por lo menos, sabe lo que *no quiere* en su siguiente relación.

De un Tauro:
Cuando un hombre Tauro pone su brazo fuerte sobre ella y aprieta suavemente su hombro, sabe instintivamente que ha encontrado a un hombre que la protegerá ... y se siente como volver a casa. Él, al igual que ella, tiene una fuerza silenciosa; simplemente ella no reconoce la suya. A medida que la relación progresa, se torna mejor. Él no discute ni critica. Parecen tener una mente y propósito similares —crear un lugar donde puedan refugiarse del mundo, donde resida la paz y reine la armonía, al menos la mayor parte del tiempo—.

Aunque ella progresa en una relación estable donde sabe qué esperar, no se aferra a su forma de pensar como él. Se adapta al cambio; en realidad, *necesita* el cambio porque siempre está creciendo y transformándose. No será mañana la misma persona que es hoy, y él debe ir al paso de su crecimiento personal o corre el riesgo de distanciarse.

Incluso si él lo intenta, nunca verá el mundo como ella. Esta mujer quiere tener un poco de magia, un poco de fantasía en su vida, pero él es un tipo enamorado de la realidad. Si algo no puede ser visto, pesado o medido, no existe para él. Pero ella sabe que la realidad depende de quien la perciba.

Sin embargo, ambos aprecian las cosas simples de la vida, como una noche tranquila en casa y una comida deliciosa. También se consuelan mutuamente cuando la vida se torna demasiado caótica y estrepitosa para él, o demasiado dura y peligrosa para ella.

De un Géminis:

Tal vez estaba teniendo problemas para encontrar a un hombre cuando se relacionó con un Géminis. ¡Por qué más se metería en un aprieto como ese! Ella quiere creer todo lo que su amante le dice... está bien, es muy crédula. Sin embargo, con este hombre *cualquiera* puede ser engañado. Él puede sacar una excusa con una rapidez extraordinaria, y de este modo, ¿qué oportunidad tiene una confiada mujer Piscis para atraparlo en una mentira?

No es que todos estos hombres sean infieles, pero tienen una doble personalidad, ya sabe, un gemelo, y nadie puede adivinar qué está pasando con el otro gemelo. Enfrentémoslo, no es un posible candidato para el hombre más fiel del año. Naturalmente, siempre es posible, pero si resulta ser un galanteador, o peor, ella no puede vivir con eso, o más bien, no debería. El estrés puede deprimirla o incluso enfermarla. ¿Qué fue lo que unió a estos dos?

Para empezar, ella es una persona interesante, y él se fascina por los conocimientos que ella tiene sobre temas que ni siquiera ha considerado. Él a su vez la intriga porque es claramente inteligente y bien informado. Tienen mucho que darse mutuamente. No obstante, su parloteo la cansará después de un tiempo, dejándola con el deseo de un poco de soledad y silencio.

Con él, ella seguirá aprendiendo de sí misma. Tendrá la oportunidad de ver que sus propias necesidades son suplidas, porque él no va a hacerlo, o ni siquiera sabrá cuáles son. Él es intelectual, no emocional, así que es más difícil que sea consciente de las necesidades de ella, más de lo que sería para un signo más *sentimental*. Tampoco surge naturalmente defenderse por sí misma, pero tiene todas las razones para aprender.

De un Cáncer:

Ella necesita períodos de soledad para recargar sus energías. Con suerte los tendrá, lo mismo que él. Si ambos son conscientes de esta mutua necesidad, no se ofenderán ni habrá malentendidos cuando alguno se aleje temporalmente.

Él comprende la naturaleza humana en un sentido general, incluso si no está sintonizado con sus propios sentimientos profundos. Ella no comprende la naturaleza humana en un nivel mental, pero está muy conectada con las vibraciones de las personas; es extraño. Puede percibir el sentimiento en las palabras de él, leer su lenguaje corporal y las expresiones faciales, así que entiende su actitud y le da el espacio que necesita.

Aunque él puede ser brusco externamente, tiene una forma de comunicarle cuánto la ama y aprecia. Él no critica —excepto cuando hace sus pequeños apuntes sarcásticos, pero son hechos con humor y, cuando se siente seguro del amor *de ella*, son dirigidos incluso a sí mismo—.

Una vez que se ha comprometido en la relación, casi que renuncia a sus necesidades para dar prioridad a las de él porque es su naturaleza servir a otros sin ningún interés. Trata de animarlo cuando está preocupado por el trabajo, pero a veces absorbe su desesperación y preocupaciones junto con él. Sin embargo, no espera que las cosas sean perfectas, y sacrifica mucho en favor de su matrimonio.

Él prefiere manejar los asuntos de dinero y ella está de acuerdo, pero si tienen problemas económicos, reconoce que debió haber puesto más interés en lo que estaba sucediendo. Él se guarda muchas cosas, por lo que se mantiene felizmente ajena a los problemas inevitables.

De un Leo:

Ella puede ser feliz en diversas circunstancias, siempre que se sienta amada y protegida. Él está preparado emocionalmente para hacer ambas cosas, y ella hace lo mismo porque está motivada a mostrar toda esa tierna dedicación que una Piscis puede brindar.

Si él es un noble león, pueden llevársela muy bien. De lo contrario, tal vez empiece a creer que es "el rey", y la trate como la criada que lo atiende. Puede ser autoritario en ocasiones, y es difícil que ella se defienda. Si quisiera ser asertiva, podría aprender a serlo, pero no es su naturaleza. Se siente mejor aceptando las limitaciones y simplemente viviendo con ellas.

Es el hombre más feliz si gana suficiente dinero para que ella se quede en casa con los hijos, pero si ella *trabaja*, le gustaría que lo hiciera desde la casa, si es posible. No lo reconoce, pero no quiere ser desatendido. Este hombre requiere más atención que cualquier otro signo. Si ella tiene una profesión que la aleja de casa, o especialmente si tiene que viajar, él no estará tan contento o tan generoso; incluso puede volverse gruñón. Siempre y cuando ella tenga el amor que necesita, usualmente puede aceptar su ego y pasar por alto las partes imperfectas de su matrimonio. Trata de hacerle saber, con sus formas amorosas, que él sigue siendo lo más importante para ella. Luego, podría descubrir una vez más que el amor *no* lo vence todo.

De un Virgo:
Un hombre Virgo nunca entenderá a su compañera Piscis, ¿pero qué hay de nuevo? Los hombres han dicho eso acerca de las mujeres durante cien años, o incluso desde que dejaron de pensar en ellas como propiedad. En este caso, es cierto. Él es un realista práctico y ella es una soñadora. Él nunca puede esperar más que entrever el misterio que representa esta mujer.

Por ejemplo, no entiende por qué ella siente compasión por cada animal o persona en problemas. Para él eso no tiene sentido y lo ve como poco práctico, incluso tonto.

Ella puede ser una persona que deja las cosas para después, lo cual no es recomendable si él es el típico Virgo que quiere un lugar para todo y todo en su lugar. Si ella también tiene una suegra perfeccionista, teme a sus visitas. Si él se queja porque no pagó las cuentas, ella se siente culpable y promete tener más cuidado. No le importa si él le da un codazo en la dirección correcta, pero a veces él parece disfrutar señalando sus deficiencias.

En el lado positivo, ella puede contar con él. Puede arreglar la puerta del garaje o construir estantes en el lavadero. Él no es el tipo que se la pasa de un lado a otro sin hacer nada, y toma su trabajo muy en serio. Le gusta su rutina diaria y, una vez que ella se adapta a la misma, también le gusta porque la hace sentir más centrada en las cosas.

Uno de sus intereses mutuos es la salud. Ella sabe que es necesario el equilibrio entre la mente, el cuerpo y el espíritu, y conoce bien la práctica de la salud holística. Él se inclina más por la medicina tradicional, pero es consciente de la importancia de la dieta y el ejercicio. Ésta puede ser un área en que se motivan e instruyen mutuamente.

De un Libra:

Un hombre Libra está lleno de pequeñas sorpresas que a ella le encantan —una rosa, una bolsa de panecillos, o boletos para una obra—, y él es feliz de tenerla en casa cuando llega; alguien con quién charlar, comer y hablar de negocios y de la familia. Ambos hacen un gran esfuerzo para ser agradables y brindarse apoyo. Existen las diferencias, pero nada que no pueda ser superado con comprensión y paciencia.

Ninguno quiere estropear la paz y sacar a colación algo desagradable, ¡pero hasta Adán y Eva tuvieron problemas! Los desacuerdos que no son expresados pueden conducir a resentimientos serios con el tiempo.

Hay dos tipos de mujeres Piscis: la callada y la habladora. La callada procesa la información a través de su enorme y profunda naturaleza intuitiva y emocional; nada es simple para ella. Cuando decide una de muchas respuestas posibles, él ha llenado la larga pausa con palabras. La habladora parlotea indiscriminadamente y no le da oportunidad de responder. Él disfruta de intercambiar ideas y el flujo de una conversación entre iguales.

Otra diferencia son sus niveles de comodidad con el orden —o desorden— de la casa. La mente de ella no mora en un espacio estructurado. Puede ignorar el desorden porque la confusión es algo que conoce bien. Él es sensible a un ambiente desordenado y le gusta que todo esté pulcro y en su lugar.

Disfruta de vez en cuando de una noche para ella sola, pero él nunca quiere ir a un lugar sin su compañía. Ella lo complacerá la mayor parte del tiempo y se quejará de un dolor de cabeza cuando necesite un poco de soledad.

De un Escorpión:

Ella sabe instintivamente que los celos no son una táctica para usar con un hombre Escorpión. Su intuición resulta útil porque él no va a revelar mucho de lo que sucede en su cabeza. Esto es especialmente cierto si algo es muy importante, y sus celos definitivamente caen en esa categoría. Puede ser seductora cuando se lo propone, lo cual lo atrajo inicialmente, pero ella es lista para no usar esto en otro hombre sólo para llamar su atención.

Este hombre debería venir con un manual de instrucciones.

1. No lo ponga celoso.

2. No se entrometa.

3. No haga una broma a costa de él.

4. No espere un obsequio en el día de San Valentín.

Parece que ya había dicho esto antes. ¿Es éste otro caso de una mujer Piscis atraída por un hombre equivocado? Tal vez no, si la fidelidad es una prioridad —¿y cuándo no lo es?—. Ciertamente todos los hombres pueden descarriarse, y las estadísticas dicen que la mayoría lo hace en algún momento, pero un hombre Escorpión tiene lealtad. Él la aprecia por encima de casi todo, y aunque está más interesado en la lealtad de *ella*, al menos está en su repertorio.

Ella tiene una voz interior que le dice que "haga el amor, no la guerra", pero él tiene la pasión de un vigilante y habla de asesinatos y caos total, y eso es sólo cuando alguien le miente o lo cierra en el tráfico. Él la asusta a veces, pero nunca lleva a cabo sus amenazas, simplemente está desahogando sus emociones. Tal vez ella puede ayudarlo a sanar algunas de sus heridas emocionales con su amor y dedicación —ciertamente lo intentará—.

De un Sagitario:

Están sentados alrededor de una hoguera en la noche, mirando fijamente las llamas. Ella está atizando el fuego y preguntándose, "¿es él el hombre correcto para mí?" Él está pensando "¿cómo puedo seducirla?" ¡Ah, las diferencias entre hombres y mujeres!

Descubrirá que tiene muchas diferencias con él. Ella es dada al pensamiento profundo y a contemplar los misterios de la vida. Él es osado y tiene grandes planes para el futuro. Ella puede imaginarse cabalgando juntos en el atardecer. Ambos lo disfrutarán, pero ella lo hace por el romance mientras que él lo hace por la aventura.

Necesitará cada onza de su serenidad interior si él es un tipo que hace promesas que no puede cumplir o no cumplirá. Si él se endeuda aún más para financiar sus viajes o sus equipos de recreación, ella puede verse atrapada en ese estilo de vida y arruinar su propia historia de crédito, además de sus sueños.

Muchos de estos hombres son filosóficos y, al igual que ella, meditan en las grandes preguntas. Si él es así, tiene un sistema de creencias que ha funcionado. Ella admira eso en un hombre, y gracias a que ve otros puntos de vista además del suyo, tienen muchas discusiones fascinantes. Si él la apoya en su búsqueda interna puede agregarle mucho a su vida. Necesita a alguien que la ayude a alcanzar un nivel superior, y él puede hacer justo eso. Idealmente, la confianza nunca se pierde entre estos dos, porque si eso pasa, nunca recuperarán la magia. Para ella, sus sueños le brindan un escape de la realidad, mientras que para él, son objetivos que espera lograr por completo.

De un Capricornio:
Él está acostado sobre una estera con los ojos cerrados, respirando profundamente. A su lado está su esposa Piscis, dándole instrucciones tranquilamente para que "visualice un lugar hermoso donde pueda relajarse". Si su ego lo permite, ella puede ser una maravillosa maestra que le enseñará técnicas de respiración y relajación para liberar el estrés y reducir su presión sanguínea. Ésta es una forma en que ella trae una nueva dimensión a la existencia práctica del hombre Capricornio. Él por su parte le da seguridad.

Él es un tradicionalista que pronto tendría a su esposa en casa cuidando la familia, en lugar de pagar a alguien más para que lo haga. Ella reprimirá su deseo de tener una profesión si eso es lo que él desea. El riesgo es que este estilo de vida no contribuye a la independencia de esta mujer y como resultado se vuelve muy dependiente. A menos que tenga intereses externos, la depresión puede afectarla y conducirla a buscar un escape por medio de las novelas de amor o, en los peores casos, a las drogas o el alcohol. En tal caso, él pierde respeto por ella y tal vez inicia una amistad con una mujer con intereses similares. Pero como una niña cuando cierra los ojos, ella cree que si no ve algo, no está ahí.

Él equilibra con su enfoque de disciplina la indulgencia que ella tiene con los hijos, y de esa forma pueden tener lo mejor de ambos mundos. A veces ella se entristece cuando él trabaja demasiado y no le da el apoyo emocional que necesita. Él tiene reglas claras acerca de los gastos, y si ella no cumple con sus expectativas de ser responsable con las finanzas, se exaspera y ella se siente incapaz. Aun así, ella continúa aferrándose a la seguridad que le brinda.

Tan anticuado como parezca, una mujer Piscis quiere estar protegida de las exigencias de la vida y del mundo exterior. Con un hombre Capricornio, no necesita preocuparse, él responderá.

De un Acuario:
Estos dos sólo podrían conocerse en la Internet. Él pasa mucho tiempo en su computadora y a ella le atraen las relaciones amorosas a larga distancia que no son consumadas —así, su amante puede permanecer en el pedestal donde lo puso y no tiene que lidiar con la dura realidad—.

Sin importar dónde se conozcan, a ella le atraerá porque es diferente de todos los que ha conocido. Es un tipo complejo, pero esta mujer puede comprender personalidades complicadas más rápido que la mayoría. Lo que no comprende intelectualmente, lo capta con su intuición. Si es así, ¿cuál es el pretexto para involucrarse con alguien que lleva una vida diferente de la que ella quiere? Atribuyámoslo al destino.

Él prefiere estar en el flujo de la vida y hacer cosas con sus muchos amigos y conocidos. Podría ser un dedicado activista involucrado con una organización para el cambio social u otro grupo con un interés común. A ella también le gusta la gente, pero necesita estar sola por un tiempo o tener una cena íntima con un par de buenos amigos.

Pueden aprender mutuamente si están abiertos a ello. Él es muy racional y mira las cosas con lógica. Ella usa su intuición y tiene su propia manera de saber las cosas que no necesitan ser probadas o racionalizadas.

Él puede parecer distante y frío cuando no manifiesta la ternura que ella necesita.

Esta mujer puede aguantar muchas cosas que no son perfectas. Un hombre con una personalidad que no es exactamente la que prefiere, es una pequeña ola en el océano turbulento de su vida. Si brinda estabilidad y puede confiar en él, soporta el resto.

De otro Piscis:
Ella sabe cómo liberar la casa de las vibraciones negativas y usa el feng shui para atraer energía positiva y dejarla fluir libremente por las habitaciones. Él tiene sus propias creencias, pero no se burla de las de ella y, en realidad, la ayuda a ampliar sus conocimientos.

Si no son artistas propiamente dichos, tienen esa aptitud, y juntos exploran el paisaje poético y se inspiran mutuamente. Ambos tienen afinidad por el océano y adoran las vacaciones junto al agua. Por lo menos, disfrutan de un gran acuario con peces tropicales.

Estos dos son almas dulces que siempre están al lado de los desfavorecidos y no pueden ignorar una súplica de ayuda. Sacrifican su propia seguridad por el bien general, como tomar un trabajo de menos sueldo porque brinda la oportunidad de servir. Si ambos trabajan en las profesiones de ayuda, tienen otro vínculo en común. Serían una pareja perfecta para trabajar por alguna causa en cualquier lugar.

Ambos pueden estar confundidos por la enormidad de la vida. Están conectados con los impulsos místicos, artísticos o espirituales en lugar de los intereses mundanos, ¿así que quién tomará las decisiones difíciles? Idealmente, tienen un amigo práctico o pariente con quien pueden buscar consejos.

El amor romántico entre dos nativos de Piscis es dulce, tierno y fuerte, y se hace más profundo con el tiempo. Sus altas expectativas no los decepcionará siempre que él no falle en convencerla de cuánto la necesita —y ella no se retraiga cuando tengan sus raras discusiones... y contraten a alguien para que les preparen sus impuestos—.

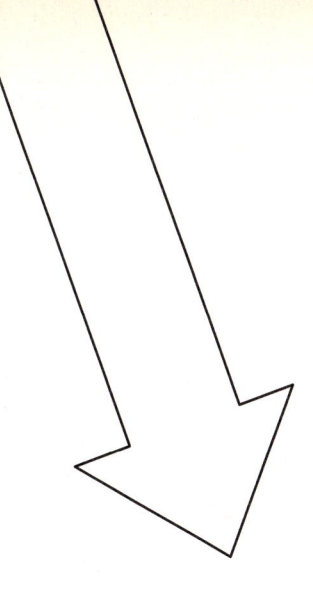

Tercera Parte: la soltería

Cómo ser feliz con él . . . o sin él
Consulte su signo solar para
identificar sus mejores cualidades

Prólogo

¿Cuál es su aptitud natural para vivir sola?

Así que está sola. Tal vez es su elección y es feliz estando soltera, al menos por ahora. Incluso si se siente como un "animal muerto" en medio de la carretera del amor, ¡hay buenas noticias! Ahora se encuentra en frente —cara a cara— a una gran oportunidad. Estar feliz consigo misma es una capacidad y, como tal, requiere práctica. Ésta es su oportunidad para enfrentar la situación de estar sola, y de esa forma, evitar mantener sus temores en su nueva vida, sea cual sea finalmente.

El temor mantiene a muchas de nosotras en relaciones terribles. Tememos asumir total responsabilidad de las cuentas, los niños y todo lo que podría salir mal, especialmente si se avería el auto. Además de las preocupaciones tradicionales, tenemos miedo de estar solas.

Una mujer casada puede estar igual de sola —incluso más sola— junto a un cónyuge distante y desatento, que una mujer que no tiene pareja. Si ha estado en tal situación, sabe que vivir con el hombre equivocado es peor que estar sin un hombre. Cuando está realmente sola, hay toda clase de cosas que puede hacer para cambiar su experiencia.

La soledad es parte de nuestra vida ordinaria y no debe ser temida. Reconózcalo —¿no han habido ocasiones en que habría dado cualquier cosa para poder terminar de leer un libro sin ser interrumpida? Cuando la soledad es impuesta es fácil caer en el hábito de tener lástima y compasión de sí misma.

Si está sola porque su relación se arruinó, la verdadera emoción probablemente tiene que ver con ser rechazada, la falta de amor, o sentirse fracasada, en lugar del temor a estar sola. En este caso, tiene el reto más grande —entender qué sucedió y por qué— y dejar de culparse a sí misma. Una relación amorosa fracasada no significa que *usted* sea una fracasada, es sólo otro episodio en la evolución de su ser.

La felicidad está ahora en *sus* manos y eso es magnífico. Significa que puede hacer algo al respecto. Lea cómo *su* signo confronta la ruptura sin romper a llorar —y los rasgos que le permiten llevar una vida alegre y satisfactoria, tenga o no un hombre a su lado—. Si conoce su signo lunar o ascendente, consúltelos también para más información.

La mujer Aries soltera

Usted puede ir intrépidamente donde ningún hombre ha ido antes —¡porque es una mujer Aries!—. De todos los signos, el suyo es el más rápido en recuperarse de una pérdida; nada puede mantenerla abatida por mucho tiempo. Sus amigos la conocen como una persona animada y optimista. Cuando algo no está bien en su vida, no se queda ahí sin hacer nada. Su lema es, "¡cuando algo se ha averiado, arréglalo!" Eso la ubica por encima del montón —donde a usted le gusta estar— cuando se trata de hacer un nuevo plan para su vida. El falso sentimiento no la inhibe, así que disfrutará profundamente botar o regalar todo lo que le recuerde a ese hombre.

Podría decidir mudarse o comenzar de nuevo en un lugar que sea suyo, sólo suyo, donde incluso el sofá en el que se sentaban juntos adopte una nueva personalidad. Aun si no se cambia de lugar, puede tener las cosas a *su* modo —ya no hay acuerdos—. Tiene que reconocer que hay cierta satisfacción en eso—. En poco tiempo, empezará a darse cuenta de cuanto disfruta estar sola hasta que la soledad se convierte en un alivio. Una mujer Aries puede manejar la vida de soltera más fácil que cualquier otro signo.

Uno de sus mejores atributos es su espíritu independiente y el hecho de que puede tomar decisiones. Ya no tiene que negociar o fingir que necesita su aporte. No tiene que sentirse culpable por no decirle toda la verdad acerca de lo que está haciendo; toma tanto tiempo explicar.

A veces ha pagado un precio por ser *demasiado* agresiva o *demasiado* segura de sí misma, en otras palabras, *demasiado* fuerte. Bueno, aquí es donde esto da resultado. Ahora no va a marchitarse; en realidad, ¡va a florecer! Arriésguese —haga algo que siempre ha soñado hacer pero nunca tuvo la oportunidad de intentar—. Si está a punto de saltar de un avión, escalar unas rocas, o dar un discurso, no estará pensando en él.

Usted mantuvo vivos sus propios intereses y amistades, aunque a veces causaron tensión en su relación, ¡y ahora está contenta de haberlo hecho! Si no fue así, fue una de las excepciones de las nativas de Aries que dejó que su compañero decidiera lo que hacía o dejó de hacer. Una razón más para que vea el lado positivo de esta situación —¡no hay nadie que le diga que no debería hacer algo!—.

Lo más difícil para usted es fracasar —odia perder en cualquier cosa—. Tan pronto reconoce que es su ego el que está herido más que su corazón, puede empezar a liberarse y seguir adelante. Tiene el poder dentro de usted para dejar de sufrir y cambiar su visión de una víctima a una mujer amorosa.

Es una romántica que cree en la felicidad para siempre, así que aunque no funcionó esta vez, nunca renunciará a la idea del amor. En realidad, la emoción de enamorarse otra vez, eliminará las dudas persistentes y, finalmente, olvidará que dijo, "nunca más" de nuevo.

Mujeres Aries destacadas: Betty Ford, fundadora de la Clínica Betty Ford; Sandra Day O'Connor, jueza jubilada de la Corte Suprema de Justicia; Maya Angelou, poeta y mujer renacentista.

La mujer Tauro soltera

¡Sus amigos se preguntan por qué esperó tanto tiempo! Durante mucho tiempo ya sabía que su relación estaba destinada al fracaso, pero siguió ahí. Tomó un tiempo reconocer exactamente cuáles eran los problemas y aun más tiempo tratar de arreglarlos. Pero un día sucedió, cualquier "cosa" que haya sido, y se dio cuenta que era el momento de romper la relación. Todo requiere tiempo y no puede ser presionada, pero ahora aquí está —finalmente está lista para iniciar una nueva vida—. Sabe que vivir en una situación tensionante es la fórmula perfecta para una enfermedad relacionada con el estrés, así que felicítese por hacer el cambio necesario.

¿Sus amigas la llaman terca? ¡Magnífico! Eso es justo lo que ahora necesita. Puede aferrarse a su decisión como ningún otro signo. Una vez que se decide, no hay marcha atrás. A diferencia de algunas de sus amigas que pueden resucitar una relación, usted queda demasiado herida. Algo en su ser ha muerto y NO pasará por eso de nuevo. Él podría llegar arrodillado con una rosa roja entre los dientes y usted no cedería.

Para una mujer Tauro, las cosas pequeñas significan mucho, como sus queridos muebles, sus pinturas, libros y cosas con valor sentimental. No decora su espacio para impresionar a alguien; las cosas que tiene alrededor son las que ama. Naturalmente, su silla o escritorio favorito no toman el lugar de un hombre —¿o sí?—, pero alégrese en el fondo de su corazón por tenerlos.

Ahora es el momento de limpiar los armarios, revisar cajas y deshacerse de las fotos, recuerdos y obsequios que él le dio, a menos que los quiera totalmente. Es difícil botar cosas, pero no se quede con aquello que no representa lo que usted es actualmente.

Como mujer Tauro, es sensible a su entorno, y ahora puede colocar el termostato en la temperatura que *mejor* le parezca. Deriva una profunda sensación de alegría cuando se sienta en su silla acogedora con una copa de vino o una taza de té y un buen libro, escuchando su música favorita o viendo televisión sin ese constante cambio de canales que afectaba tanto su sistema nervioso. Disfruta su propia compañía y la paz que ahora prevalece en su casa. Tiene una sensación tranquila de satisfacción llevando a cabo sus pequeñas rutinas como las quiere.

Podría querer quedarse en casa demasiado tiempo, así que ahora dedíquese a un nuevo interés. Debido a que empezar es la parte más difícil para usted, pídale a una amiga que se le una para hacer un curso de arte, escultura, cerámica o pintura —todas son buenas elecciones para una Tauro, el signo más artístico del zodiaco—.

Tiene un cuerpo fuerte y le gusta usarlo, por eso el ejercicio físico le da una gran satisfacción. Ingrese a un gimnasio o camine regularmente con amigos para ponerse en forma y elevar su espíritu. Tenga cuidado de no excederse en la comida o bebida, especialmente cuando se sienta triste. Piense en comer por razones de salud y abandone las dietas que conducen a un círculo vicioso de privación y comida en exceso.

Para satisfacer su piel y disfrutar la sensación del contacto que todas necesitamos, adopte el hábito de las sesiones de masajes. Esto le da una sensación de bienestar, es más barato que una visita al doctor, y es tan bueno como el sexo ... bueno, casi.

Mujeres Tauro destacadas: Shirley MacLaine, actriz y autora; Katharine Hepburn, actriz; Barbra Streisand, cantante y activista.

La mujer Géminis soltera

Usted no es el tipo de mujer que se retrae después de una ruptura —¡es demasiado amigable y extrovertida para eso!—. Charlar con el vendedor en la tienda de comestibles, con alguien en la cafetería, con el tipo de la tintorería o el cajero del banco le impide sentirse aislada hasta que reinvente su vida social. Sólo porque es su comportamiento natural, no lo dé por sentado, porque en realidad es un don.

Tiene la capacidad para examinar todos los lados posibles de un asunto y esa es su ventaja. Incluso si no puede razonar todo lógicamente, le ayuda a recuperarse si determina lo que sucedió y por qué. Llame a sus amigos y cuénteles todos los terribles detalles. Estarán de acuerdo en que ese hombre es un imbécil y le dirán que la pérdida es de él y no la suya —¡*eso es* terapia!—. Olvídelo y siga adelante. Sus amigos también tienen un límite en cuánto están dispuestos a escucharla.

Si encuentra que en su mente fluyen un millón de pensamientos inquietantes, trate de enfocarse en lo que ve, oye y siente en este momento. Esto detendrá su cerebro allí mismo. Si el pasado y el futuro no están aquí y ahora, ¿por qué obsesionarse en ellos?

Considere que no es lo que sucedió lo que le está haciendo daño, sino sus pensamientos emocionalmente dolorosos respecto a ello. Como escribió Deepak Chopra en *Daughters of Joy* (Hijas de la felicidad), "ponemos en fila nuestros problemas sin solución como caballos en un carrusel; todos los días los mismos caballos dan vueltas en nuestra cabeza".

Otra estrategia: escríbale a su ex una carta listando todas las formas en las que él falló y lo feliz que se siente de que todo terminara como terminó. No la envíe al correo. Guárdela para las ocasiones en las que desearía que todavía estuvieran juntos y léala de nuevo.

La curiosidad es un ingrediente básico de su personalidad, y la variedad es la esencia de su vida. Nadie es mejor que usted para aprender un poco acerca de muchas cosas, y ahora es su oportunidad. Hurgue en esos libros que ha querido leer o suscríbase a una nueva revista —mejor aun, a dos revistas—. Sabe que es una mujer de muchos talentos, así que tome este tiempo para descubrir lo que quiere de la vida. Busque cursos divertidos que podría tomar. Si conoce a alguien interesante en esos lugares, sabe desde el principio que ya tienen mucho en común.

¿Sola en la noche? Entre a la Internet y dese gusto en todas esas cosas geminianas como conectarse con otras personas, reunir información o simplemente gastar tiempo de una forma divertida. Juegue algún juego en línea o encuentre un grupo de charla donde pueda unirse a discusiones en uno de sus temas favoritos, pero ¡no trate de encontrar su alma gemela ahí!

Maneja los encuentros sexuales casuales mejor que la mayoría de signos, tal vez con la excepción de Acuario. Podría intentarlo por un tiempo como diversión, pero no estará satisfecha con ese estilo de vida para siempre. Como mujeres, requerimos más vínculo que eso.

Cuando necesite aliviar el estrés, salga a trotar o a hacer una caminata rápida para liberarse de la ira y la tensión nerviosa. Lleve su "mini iPod" al gimnasio y escuche su música favorita en la bicicleta estática. Únase a un grupo de yoga, de aeróbicos o pilates —de esa forma hace ejercicio y socializa en una misma salida— ¡una doble ganancia!—.

Conclusión: un nuevo comienzo le llama la atención —¡ahora es su oportunidad!—.

Mujeres Géminis destacadas: Sally Ride, la primera mujer astronauta norteamericana.

La mujer Cáncer soltera

Para usted lo más difícil de aceptar de la soltería es el asunto de los hijos. Si ya los tiene, es algo de lo que no tiene que preocuparse. Ellos la ayudarán a superar sus problemas más grandes y serán una gran fuente de amor y compañía. Sin importar qué tanto se concentre en ellos, todavía necesitará un grupo adulto de amigos o parientes que le ayuden a celebrar sus momentos felices y la consuelen en los tristes. No tiene que sentirse sola.

La razón por la cual una mujer se recupera de una ruptura más rápido que un hombre, es que es excelente para crear y sostener vínculos emocionales, y eso se enfatiza aún más con esta mujer. Usted siempre ha sido alguien generosa y encontrará una forma de continuar siéndolo, sin importar con qué tipo de relación se encuentre.

Si no tienen hijos, muchas de ustedes han encontrado alivio emocional y amor incondicional en su gato, perro u otra mascota. Es un hecho probado que los dueños de animales domésticos son más saludables que quienes no tienen mascotas, y que con sólo acariciar a un animal baja la presión sanguínea y hace fluir las endorfinas. Esa es una razón por la que la terapia con animales hace milagros en adultos y niños hospitalizados. Ingresar a un grupo con este tipo de terapia puede ser un antídoto maravilloso para su soledad.

Las emociones de una mujer Cáncer fluyen profundamente, así que después que usted ha sido herida, es difícil que ame otra vez. Puede sentirse perdida y desesperada por un tiempo y no deseará salir; sólo quiere retraerse del mundo. Sea paciente consigo misma —necesita soledad y espacio para respirar—. Con el tiempo, estará lista para buscar y encontrar nuevas formas de relacionarse, porque no es su naturaleza estar desconectada de la vida o no tener objetivos.

En el pasado, fueron señaladas por la astrología como hogareñas, pero ellas tienen mayor probabilidad que la mayoría de los signos en buscar una nueva experiencia. Cuando se involucra en algo que la reta, y se abre al crecimiento y al aprendizaje, su depresión pronto se convertirá en algo del pasado.

Tiene la tendencia a aferrarse a personas y cosas, y su naturaleza tenaz la mantiene conectada a las emociones negativas. La ira puede enfermarla físicamente y es probable que el estómago refleje su estrés. El conocimiento de sí misma, tal vez por medio de terapia, es esencial para que reconozca sus inseguridades, miedos y dudas. La astrología ayuda en el autoentendimiento, así que si encuentra un astrólogo profesional en quien pueda confiar, consúltelo por una lectura. Muchos psicólogos de mente abierta están usando la astrología como un atajo para llegar a los problemas de un paciente.

Sabe que no hay garantías en la vida, excepto por el cambio. Las personas, incluso nuestros amados hijos, están con nosotros un tiempo y luego se van. Siempre que tenga en cuenta que el amor que la sostiene yace dentro de usted y no viene de alguien externo, puede estar segura de que nunca se perderá.

Mujeres Cáncer destacadas: Helen Keller, quien superó ser ciega, sorda y muda para llevar una vida increíblemente inspiradora; la actriz Meryl Streep, quien tiene el récord por haber obtenido más nominaciones al premio Oscar.

La mujer Leo soltera

Ninguna mujer en el zodiaco tiene un corazón más grande o requiere más amor que una mujer Leo. Casi igual de importante es su orgullo; usted necesita sentirse valorada y respetada, así que cuando el amor fracasa, es un golpe fuerte, justo donde más duele. El dolor es tan grande que tiene que detenerse y recordarse a sí misma que otras mujeres han pasado por esto y han sobrevivido, y usted también lo hará. Puede jugar cualquier papel... desde ser la reina del drama hasta ser alguien perseverante o generosa. Ahora es el momento para que use su capacidad de actuar hasta que se sienta interiormente igual a como las personas la ven.

No se avergüence de su necesidad de amor, atención y aprecio. No es una señal de debilidad; es lo que la mantiene luchando durante toda su vida para perfeccionarse. Un día se mirará a sí misma y se dará cuenta que se ha convertido en la mujer amorosa, generosa y realizada que quería ser.

El león cobarde en *El mago de Oz* no sabía que era valiente hasta que fue puesto a prueba. Tal vez usted es así, pero tenga la seguridad —como mujer Leo, tiene un increíble valor—. De algún modo siempre saca la fuerza para hacer lo que se necesita y todavía conserva el amor que está en su interior. La feminista y escritora Anaäs Nin dijo, "la vida se encoge o expande en proporción a nuestra valentía".

Si no tiene una relación romántica, no ignore el amor y afecto que recibe de personas especiales en su vida, particularmente sus hijos. Hay una forma segura en la que puede vivir con amor en su vida cotidiana

—¡dé amor!—. Si no tiene familia, forme una con amigos íntimos. Encuentre a alguien que necesite animarse. Cuando lo haga, observará que el sol empieza a brillar de nuevo en su propio corazón.

Hablando del sol, una mujer Leo lo necesita en cantidad. El Sol es su planeta regente, así que salga regularmente y disfrute de sus rayos. Mejor aún, tome una siesta bajo el sol.

Trátese de la misma forma como desearía que un hombre la tratara. Consiéntase con sábanas de seda costosas y lujosas y tenga presente que lo merece. Ponga un facial, pedicure y manicure en su tarjeta de crédito o tome un baño de burbujas a la luz de una vela. Encuentre una escuela de masajes donde los estudiantes den masajes a precios económicos. Hágase un nuevo peinado o cambie su maquillaje para que concuerde con su nueva actitud.

Cuando esté sola, recuerde que la soledad es un regalo. Le permite conectarse con lo que la hace feliz, lo que toca su corazón. Le da el tiempo valioso para desarrollar un hobby o un interés. Retire un libro popular de autoayuda de la biblioteca; usted siempre está buscando formas de ser una mujer más equilibrada y funcional. Su optimismo natural le impide caer demasiado bajo, y rendirse nunca se cruza por su mente.

Leo es el signo de la creatividad y eso usted lo tiene en cantidades. Descubra las formas en las que más le gusta expresarla. Ponga su considerable talento y energía en lo que ama y véase florecer.

Algo muy importante que debe hacer es poner su cuerpo en la mejor forma posible. Además del hecho de que desterrará las tristezas cuando tenga la sangre circulando y los músculos tonificados, estará orgullosa de sí misma con sólo ir al gimnasio.

Mujeres Leo destacadas: Martha Stewart, mujer de negocios extraordinaria/personaje de la televisión; Amelia Earhart, la primera mujer que voló en avión a través del Atlántico y la primera en volar sola a través del Pacífico.

La mujer Virgo soltera

Usted tiende a guardarse sus sentimientos, lo cual hace difícil para sus amigos saber cuándo o cuánto está sufriendo. Déjelos ayudar.

Siempre se culpa a sí misma primero, así que deje a un lado la autocrítica —"¡qué tonta he sido!", "¿por qué siempre escojo hombres con un defecto fatal?", "¿cómo pude creerle?"— y dése el mérito por ser la mujer amorosa que es. Una relación fracasada no es para sentirse avergonzada —¡hasta Nicole Kidman fue rechazada!—. Nuestra autoestima viene de adentro, no de un compañero; ¿por qué nos es tan difícil de recordarlo?

Sin importar la razón del por qué está sola, usted es autosuficiente y puede cuidarse muy bien. Si no puede hacer algunos de esos trabajos en la casa, páguele a alguien para que los haga, y ni siquiera tendrá que regañar para que se terminen —¡qué alivio!—.

¡Ahora controla *su* tiempo! Puede trabajar las horas que quiera sin tener que dar explicaciones; ya no tiene que ajustarse a los compromisos o los deseos conflictivos de alguien más. Debido a que pasa más tiempo en el trabajo que en casa, un colaborador/amigo puede ser su apoyo, con quien pueda charlar sobre asuntos importantes y triviales.

¿Es usted la típica mujer Virgo que está al tanto de la información más reciente sobre cómo vivir en forma saludable? Entonces quizás ya sabe que el ácido fólico, las vitaminas B, los carbohidratos, complejos y los ácidos grasos del omega 3 pueden mejorar su estado de ánimo. Usted es excelente para conseguir nueva información sobre suplementos, vitaminas, etcétera.

Si la depresión la invade, ensaye la terapia. Las mujeres Virgo, Tauro y Capricornio, más que otros signos, saben identificar problemas y arreglarlos, así que son más propensas a buscar consejo profesional. Por otro lado, probablemente usted está bien. Los estudios demuestran que las mujeres solteras son más felices que las mujeres casadas —pero los hombres casados son más felices que los hombres solteros—. Hmmm. ¿Hay un mensaje aquí?

Usted es peculiar en cuanto a lo que come, así que cocinar sólo lo que le gusta es uno de los beneficios de vivir sola; puede comer lo que quiera cuando quiera. ¿Quién dijo, "libertad significa que voy cenar *Cheerios*?"

Sus amigos le dirán que es hora de divertirse cuando se la pasa días y semanas desocupando cajas y armarios, pero eso es una terapia para usted, sin mencionar que esto la distrae. Cada vez que lleva una caja llena de cosas de *él* a un lugar de donaciones, o la bota en la basura, se siente más libre. Si él cocinaba, regale sus ollas preferidas; haga lo mismo con el escabel que le gustaba. Deseche los recuerdos junto con el suéter azul que dejó. La mejor parte es que usted bota su ira junto con estos elementos. Una vez que se deshaga de las cosas que más le recuerdan a este hombre, puede empezar a reemplazarlas. No tiene que ser costoso. Consiga alfombras y cortinas nuevas. Compre saleros y portaollas nuevos, además de un nuevo control remoto para el televisor que no tenga las huellas dactilares y grasa corporal de él. ¡Vaya! ¡Eso se siente magnífico!

Ahora es el momento para un nuevo comienzo. Usted tiene una buena capacidad para las artes manuales y le gusta estar ocupada, así que un hobby es perfecto, especialmente cuando está sola. Haga una lista de las cosas que una vez le interesaron y vea si alguna surge inesperadamente. ¿Trabajo con flores? ¿Miniaturas? ¿Pintura? Encuentre algo que le encante hacer y dedíquese a ello.

Mujer Virgo destacada: Cathy Guisewite, quien ha ganado numerosos premios por su personaje de tira cómica, "Cathy". La Cathy real se casó por primera vez a los 47 años de edad.

La mujer Libra soltera

Ahora puede ver la verdad en el dicho, "lo que uno resiste, persiste". Lo único que no puede tolerar, ahora tiene que enfrentarlo —estar sola—. Para una mujer Libra, nacida bajo el signo de asociación, no es fácil. Usted odia ir a lugares como soltera; sólo se siente realmente bien con alguien a su lado —pero gústele o no, ésta es su oportunidad para crecer y desarrollar la confianza en sí misma—.

Si su ex era como la mayoría de los hombres, él dependía de que usted organizara sus actividades sociales. Ahora que no están juntos, se encuentra en una mejor posición que él para mantener su estilo de vida con amigos y nuevos conocidos, pero no llene su calendario con cosas que en realidad no quiere hacer ni personas con las que sólo desea pasar el tiempo para no estar sola. Por otra parte, ahora necesita personas más que nunca, así que si hay una película u obra de teatro que desea ver, llame a una amiga y vaya —no se quede en casa a menos que eso la haga feliz—. Si todo esto suena como un delicado acto de equilibrio, bueno, Libra es precisamente el signo que puede descubrir el equilibrio correcto —con el tiempo—. Mientras tanto, recuerde que una mujer en un matrimonio puede sentirse tan sola como si viviera de esa forma.

Un problema que a menudo tienen las mujeres Libra es que acumulan su ira. Quieren congeniar con todos y que la gente las quiera, así que tienden a renunciar a sus propios deseos para mantener la paz. Si cree que no está al tono con sus sentimientos, tal vez sea de ayuda un taller de afirmación personal o un grupo de elevación de la conciencia.

La confianza en sí misma que adquiera ahora, le ayudará en todas sus relaciones, presentes y futuras.

Una de las cosas más estimulantes que puede realizar si hace poco está sola, es redecorar su casa. Ahora puede escoger los colores y estilos que representan su personalidad. Con su talento y buen gusto, hará maravillas con cortinas, cuadros y almohadas, sin afectar mucho su presupuesto. A veces se *excede* con su tarjeta de crédito, así que no caiga en la trampa de salir de compras y gastar más de lo que puede.

Éste es un tiempo ideal para ordenar sus finanzas y hacer un plan, ya sea que su interés se concentre en pagar tarjetas de crédito o abrir una cuenta de ahorros. Tener el control y tomar decisiones hace maravillas en su autoestima.

Tener algo que hacer con alegría cuando está sola, es importante para una mujer Libra. Busque un club de juegos —un grupo de personas amantes de la diversión que se reúnan regularmente para jugar juegos de mesa como Monopolio o cartas, etc.— Tiene tantos vínculos con la gente, que no será un problema descubrir formas divertidas de pasar su tiempo libre.

Mujer Libra destacada: Susan Sarandon, feminista y ganadora del premio Oscar.

La mujer Escorpión
soltera

La nativa de Escorpión es la mujer más autosuficiente del zodiaco, igualada en fortaleza sólo por una Tauro, así que puede sobrevivir a todo. Eso no quiere decir que será fácil, pero puede recuperarse de cualquier desastre y seguir adelante.

Tiene muchos conocidos, pero usualmente pocas amigas de confianza con las que puede contar —mujeres que sabe que son leales y con quienes tiene una historia—. Cualquiera sea la circunstancia, sabe que están presentes emocionalmente, incluso si están esparcidas a lo largo y ancho del país. Debido a que tiende a guardarse sus sentimientos más profundos, confiar en sus mejores amigas les da la oportunidad de mostrarle que la quieren y se preocupan por usted.

En el caso de la ruptura en una relación, la parte más difícil es liberarse del resentimiento u odio. Un consejo excelente fue reiterado por Susan St. James cuando le preguntaron si estaba enojada por la muerte de su joven hijo en un accidente de aviación. Ella dijo, "tener resentimientos es como tomar veneno y esperar que la otra persona se muera". Es bien sabido lo que afecta el cuerpo, la mente y el espíritu de una mujer cuando da abrigo a sentimientos profundos de ira y odio.

Tiene mucho poder como mujer Escorpión, pero pierde parte de él cuando se ve como una víctima. Recuerde que tener una vida feliz es la mejor revancha. Ahora hay que disfrutarla como una mujer soltera.

Usted siempre se sumerge en un nuevo estilo de vida con todo su corazón, y la vida de soltera no es la excepción. Quiere experimentarlo todo a profundidad: la libertad, la soledad, la satisfacción y la paz. Toma las cosas una por una hasta que las ha dominado por completo. Considere algo sencillo como pedir una mesa para uno, especialmente en un buen restaurante.

Cenar sola puede intimidar si una mujer no está acostumbrada a hacerlo. Al igual que todos los temores, es una barrera y limita su vida. Una mujer Escorpión, sola después de diecisiete años, fingía ser una detective privada siguiendo a alguien en un caso. A veces fingía que era una escritora investigando un sitio como fondo para una historia. Era su pequeño secreto y la ayudó mucho a sentirse segura cuando cenaba sola. Con el tiempo se sorprendió por haberse sentido insegura en algún momento.

Usted disfruta su tiempo de soltería porque puede profundizar en los temas que han sido de su interés, pero nunca tuvo la oportunidad de seguir. Es atraída por lo desconocido, así que puede desarrollar más sus capacidades psíquicas o dirigirse a la meditación, la hechicería, la astrología o los diferentes temas esotéricos. Le encanta leer obras de misterios y ahora tiene el tiempo para darse los gustos que quiera.

Una vez que está satisfecha de haber desarrollado las capacidades para estar sola, empieza a buscar su siguiente reto —una vida descomplicada no es para usted—.

Sabe que puede conseguir lo que se proponga, ese no es el problema. La prueba radica en hacer la mejor elección, ya sea un hombre, un trabajo, una casa o un estilo de vida. Hay algo en usted que desea asumir el reto más grande. Corre riesgos porque quiere experimentar las alturas y superar las profundidades.

Puede enamorarse de su vida de soltera; a muchas mujeres Escorpión les pasa eso. Tal vez desarrolle una relación con un hombre pero sin las ataduras de vivir juntos. Podría apegarse mucho a su perro. Siempre necesitará a alguien o algo para sentirse conectada emocionalmente.

Mujeres Escorpión destacadas: Hillary Rodham Clinton; Julia Roberts.

La mujer Sagitario
soltera

Usted puede ser más feliz soltera, especialmente si estaba en una relación restrictiva con un hombre que no creció ni cambió con usted. Necesita mucha libertad porque hay tantas cosas que quiere hacer en esta vida, así que cuando se encuentra viviendo sola, incluso después de años de matrimonio, se adapta más fácilmente que la mayoría. Puede ensayar recetas que él odiaba e invitar a todas sus amigas que desaprobaba por "excéntricas".

Puede permanecer soltera mucho más tiempo que sus conocidas. No le teme al compromiso; en realidad, está comprometida con muchas cosas: su familia, su profesión, sus mascotas y amigos. Pero ama la libertad de ir en busca de sus sueños sin tener que justificarlos a un cónyuge.

La actitud positiva es su mayor ventaja. Siempre ve el lado positivo de cualquier situación —si hoy tiene problemas, está segura que mañana estará con un mejor trabajo, con más dinero, un apartamento más bonito e incluso con una mejor actitud—.

Uno de sus mayores placeres es viajar, y cuando está sola, puede planear el itinerario que se ajuste a sus necesidades. Nada la estimula más que emprender una aventura. Puede ir sola y hacer amigos en el camino, o ir con un grupo a unas vacaciones o en un crucero. Durante su soltería, puede ser usted misma y explorar lo que le dicta su corazón. Si conoce a alguien interesante, magnífico, y si eso no pasa, bueno, fue divertido y abrió una nueva perspectiva. Planee unas buenas vacaciones al año para que tenga algo que espera con ilusión.

Si es como la mayoría de las Sagitario, le gusta estar al aire libre y no hay nada como una hermosa puesta del sol o un estimulante viaje de excursión para eliminar las preocupaciones.

Puede matricularse en un curso de extensión o tomar una clase nocturna en un instituto de educación para adultos. Su mente tiene ansias de aprender, y estar sola significa que tiene el tiempo para hacerlo. Conocer personas con intereses compatibles es una buena adición.

Ahora que depende de sus ingresos, es tiempo de que se vuelva responsable con el dinero. Si tiene deudas, póngase en contacto con sus acreedores y averigüe exactamente cuánto debe. Si vive en los Estados Unidos, entre en la Internet, consulte la página www.fico.com, obtenga su reporte de crédito de al menos una de las tres agencias que lo ofrecen, e investigue algo que no parezca correcto. Establezca un plan para elevar su FICO (el método utilizado para determinar su probabilidad de pagar sus deudas) y trate de ahorrar algo, así sea poco, para el futuro.

Tal vez nunca buscó todo lo que conlleva el matrimonio —la boda, los bebés, la casa en las afueras de la ciudad—. Si ese es el caso, hay muchos estilos de vida alternativos que pueden funcionar para usted, siempre que la libertad sea una parte integral de los mismos. Quién sabe qué hay más adelante —algo milagroso podría encontrarse a la vuelta de la esquina—..

Mujeres Sagitario destacadas: Bette Midler; Florence Griffith Joyner, campeona de velocidad en los Juegos Olímpicos de 1988.

La mujer Capricornio soltera

Una de las primeras cosas que debe hacer ahora que está soltera es comprender por qué su relación terminó tan mal. No puede olvidarse del asunto hasta que entienda a fondo lo que sucedió. Si cree que ayudará a resolver las cosas, buscará consejo profesional porque no es el tipo de persona que comete el mismo error dos veces. Una vez que organice todo mentalmente, disfrutará de nuevo de hacerse cargo de su vida por completo.

Toda mujer espera que su matrimonio dure para siempre, pero como mujer Capricornio, tenía una expectativa aun más alta —la perfección—. Ahora que sabe que la vida y sus elecciones no son perfectas, puede relajarse y seguir adelante con una visión más realista. Con tiempo en sus manos para pensar, puede determinar lo que quiere realizar y qué dirección quiere tomar en su nueva vida. Tal vez quiera regresar de nuevo a su iglesia, o podría decidir que una diferente es apropiada para usted.

Sobra decir que desea tener éxito en lo que hace y ahora puede sumergirse en su trabajo y concentrar las energías en su profesión. Entre más personas conozca en las fiestas y los eventos asociados con el trabajo, más contactos hará y descubrirá más oportunidades. Quién sabe, ¡podría hasta encontrar un trabajo mejor!

Las mujeres solas antes tenían que adaptarse a un estilo de vida más simple del que habían podido imaginarse, pero con su empuje y ambición, no hay razón para que no pueda mantenerse bien a sí misma. Naturalmente, es probable que tenga hijos que requerirán gran parte de su tiempo libre.

En el caso de los hijos, los suyos son más afortunados que muchos cuyos padres se divorcian, porque es capaz de impartir disciplina además de ser una madre amorosa. Establece límites firmes para ellos y la recompensan siendo hijos con buena conducta y buenos ciudadanos.

Si la depresión es un problema para usted, encontrará una forma de aliviarla, ya sea haciendo ejercicio regularmente, dando caminatas largas, trotando, o sentándose bajo una lámpara con bastante luz todas las mañanas. La medicación es el último recurso, pero hará lo que sea necesario si se agotan los remedios naturales.

Un área donde las mujeres solteras a veces fallan es planificando sus finanzas, pero usted está más calificada que la mayoría para asumir esa responsabilidad. Probablemente no dejaba que su marido manejara todos los movimientos financieros, así que ahora no le es difícil encargarse de cada aspecto de su dinero. Puede sentarse con su presupuesto e imaginar una forma de hacerlo funcionar. Podrá vivir sin cosas innecesarias, de modo que pueda ahorrar al menos *algo* de dinero cada mes.

Debido a que nadie conserva su aire juvenil tan bien como una mujer Capricornio, puede tomar su tiempo para conocerse a sí misma antes de involucrarse con alguien más. Incluso puede tener una aventura con un hombre más joven. En realidad, no es extraño que una mujer Capricornio se relacione con un hombre mucho mayor o menor que ella. Ahora es su oportunidad de soltarse el cabello y ser menos seria.

Mujeres Capricornio destacadas: Juana de Arco —como adolescente y heroína de Francia, guió la resistencia francesa contra los ingleses en la Guerra de los Cien Años; Clara Barton, fundadora de la Cruz Roja Americana.

La mujer Acuario soltera

Nunca ha sido el tipo de mujer que se aferra a un hombre con la idea que será cuidada, así que no se desilusiona totalmente cuando su matrimonio o relación se destruye. Siempre supo que podía ser responsable de sí misma y que las cosas saldrían bien.

Ahora siga adelante, desahóguese un poco si siente la necesidad; después de todo, la gente espera que usted lo haga ahora. Llore, suspire por el amor perdido, hable con sus amigas de eso por horas, sienta su ira y tristeza. Siéntalo todo. Luego recupérese y vuelva a sus proyectos que le interesan, porque si no puede salvar su relación, al menos salve el mundo.

Está aquí para marcar la diferencia de algún modo, así que se inclina naturalmente hacia un grupo con algún propósito. A veces toma años descubrir qué papel jugará en determinada causa, pero lo logra, porque es un impulso interior. Salve las ballenas o los viejos árboles. Combata el crecimiento inmensurable de las ciudades. Proteste para que instalen un semáforo en la intersección de su vecindario. Ahora está libre para seguir sus intereses, dondequiera que la guíen. ¿Qué la emociona? Inicie un club de lectura o de juegos. Es excelente para unirse a grupos, y de esa forma no se aislará. Sumérjase en esto sin reparos, y, al hacerlo, dejará de permitir que alguien que ya no quiere resida en su mente.

Renueve o fortalezca sus amistades con mujeres —de todos modos, un círculo cercano de amigas siempre fue el mejor lugar para pasar sus momentos más íntimos—. No deje que sus amigas le tengan lástima más de lo necesario porque sólo la harán sentir como víctima. Su charla interior debe ser positiva. Recuerde cuánto valora la libertad de hacer lo que quiere y controlar su propia vida.

Lo mínimo que espera en una relación es ser tratada como igual, algo menos no es aceptable. Sabe que si no puede cambiar una situación, puede dejarla atrás. Una nota de precaución debido a que le gusta conservar todos sus amigos: quedar de amigos con un ex casi siempre es una mala idea; hace daño y no la ayuda a recuperarse.

Como mujer Acuario, usualmente tiene una vida con muchos cambios, así que lo que es hoy tal vez ni siquiera se acerque a lo que será o estará haciendo en el futuro. Éste es uno de esos momentos, así que haga un cambio por completo. Múdese a un nuevo apartamento o establezca una nueva forma de vivir —no con un hombre—. Compre ropa que le permita mostrar una nueva imagen *suya* al mundo. Mejor aun, compre ropa nueva en la tienda rebajas y podrá vestirse de forma grandiosa sin gastar una fortuna. Córtese el cabello o cambie el color. Ingrese a un gimnasio y encontrará que muchas de las mujeres que hacen ejercicio a su lado también acaban de terminar una relación.

Viajar la hace sentir viva, y ahora que está soltera, está más abierta a conocer personas y hacer las cosas que le atraen, como conectarse con la cultura y la gente.

Por encima de todo, recuerde que le va muy bien sola y eso la pone por delante de la mayoría de las mujeres en lo que se refiere a manejar una ruptura.

Mujeres Acuario destacadas: Oprah, la única; Susan B. Anthony, una de las primeras feministas y organizadora del movimiento por los derechos de las mujeres del siglo XIX.

La mujer Piscis soltera

Usted se encierra en su interior para atravesar los momentos más difíciles de su vida sabiendo que, en un nivel profundo, está conectada a algo más grande que usted. Cualquiera que sea la forma que tome su espiritualidad personal, es una parte importante de su ser y le ayuda a ver las cosas desde otra perspectiva. Ir a un lugar de adoración donde se encuentre con personas con similar interés, le ayudará a sentirse conectada.

No se castigue con sentimientos de culpa o pensando que debió haber sido más cuidadosa. Puede quedar atrapada en un estado mental negativo reviviendo conversaciones o traiciones pasadas. Déjelas atrás. Piense en el milagro de este día, porque en realidad es lo único que tenemos.

Es tan creativa e intuitiva, que su vida tiene interminables posibilidades. El símbolo de Piscis son dos peces nadando en direcciones opuestas, y ese segundo pez está ahí para ofrecerle un nuevo comienzo y una perspectiva diferente. El dolor es inevitable en la vida, pero el sufrimiento es opcional. Todo depende de cómo lo vea. Por ejemplo, si se encuentra involucrada en una relación, algunas cosas son más fáciles, pero otras son más difíciles. No caiga en la trampa de ver su vida como un melodrama y a usted misma como una víctima.

Use su poder de imaginación y visualice el futuro que desea. Sabe que si puede imaginarlo, puede suceder. Todos necesitamos tiempo para reflexionar, descubrir nuestras propias respuestas y reconocer nuestras necesidades. Use este tiempo para recordar lo que le gusta hacer y tal vez retornar a los intereses que una vez le atrajeron pero fueron dejados a un lado. Planee metas a largo plazo que la mantengan equilibrada.

Use su creatividad para pensar como fortalecerse y estimular una actitud alegre. La música tiene un gran efecto en su comportamiento, así que compre nuevos CDs. Deléitese con una pintura que eleve su espíritu y le hable a su corazón. Mantenga un diario de sueños y explore lo que le indican acerca de su vida. El olor tiene un efecto poderoso, así que ensaye la aromaterapia —usando aceites esenciales de flores, hojas, etc., para influir en su actitud—. También use la reflexología —es una herramienta terapéutica maravillosa para usted—.

Cuando una situación le cambia su vida y se siente vulnerable, sus amigos pueden ser una fuente de fortaleza, pero busque sólo a aquellos que en realidad la quieran y deseen lo mejor para usted. Está muy abierta a las emanaciones de otras personas —estar junto a personas negativas la deprime, así que busque gente positiva—.

Como alguien que sabe cómo sobrevivir, puede superarse y ganar más fortaleza que nunca. Una forma de sentirse competente y con fuerza es idear un plan para su seguridad económica. Comience pagando sus tarjetas de crédito, si es posible. Si su situación financiera es desesperante, considere en declararse en bancarrota, pero úsela como una base para responsabilidad futura. Renuncie a su deseo de ser cuidada y sepa que puede cuidarse por sí misma. La próxima vez que se encuentre en una relación amorosa, lo hará con una seguridad interior, con mayor poder y menos dependencia.

Mujeres Piscis destacadas: Drew Barrymore, actriz que ha superado muchos obstáculos; Queen Latifah, productora de discos y películas, cantante, actriz, conductora de un programa de televisión.

¿Qué le gustaría leer?

Llewellyn Español desea saber qué clase de lecturas está buscando y le es difícil encontrar. ¿Qué le gustaría leer? ¿Qué temas de la Nueva Era deberían tratarse? Si tiene ideas, comentarios o sugerencias, puede escribir a la siguiente dirección:

EvaP@llewellyn.com
Llewellyn Español
Attn: Eva Palma, Editora de Adquisiciones
2143 Wooddale Drive
Woodbury, MN 55125-2989 U.S.A.
1-800-THE MOON
(1-800-843-6666)

08 08